주기철

글쓴이 **이지원**
〈아동문예〉 신인문학상으로 등단하여 〈소년중앙〉 문학상을 수상하였다. 현재 한국문인협회, 아동문학가협회 회원이며, 문화센터에서 글짓기를 강의하고 있다. 지은 책으로는 《아기별이 사는 세상》《사랑 그리기》《허수아비의 기도》 들이 있다.

감수자 **김광운**
경기도 시흥에서 태어나 한양대학교 사학과와 같은 학교 대학원을 졸업했다. 현재 국사편찬위원회에 재직 중이며, 한겨레통일문화연구소 연구위원, 민주화운동기념사업회 자문위원으로 활동하고 있다. 한양대학교와 한신대학교, 조선대학교, 서울교육대학교 등지에서 학생들을 가르치고 있다. 지은 책으로는 《통일 독립의 현대사》 들이 있다.

주기철
우리가 잊지 말아야 할 독립운동가 13

개정1판 1쇄 인쇄 | 2019년 8월 9일
개정1판 1쇄 발행 | 2019년 8월 15일

지 은 이 | 이지원
감 수 자 | 김광운
펴 낸 이 | 정중모
펴 낸 곳 | 파랑새
등   록 | 1988년 1월 21일 (제406-2000-000202호)
주   소 | 경기도 파주시 회동길 152
전   화 | 031-955-0670   팩   스 | 031-955-0661~2
홈페이지 | www.bbchild.co.kr
전자우편 | bbchild@yolimwon.com

ⓒ 파랑새, 2003, 2007, 2019
ISBN 978-89-6155-863-1 74910
      978-89-6155-850-1 (세트)

• 책값은 뒤표지에 있습니다.
• 출판사의 허락 없이 이 책의 일부 또는 전체를 인용하거나 발췌하는 것을 금합니다.
• 본 도서는 파랑새 〈인물로 보는 한국사〉 시리즈를 재편성한 도서입니다.

어린이제품안전특별법에 의한 제품 표시
제조자명 파랑새 | 제조년월 2019년 8월 | 제조국 대한민국 | 사용연령 10세 이상

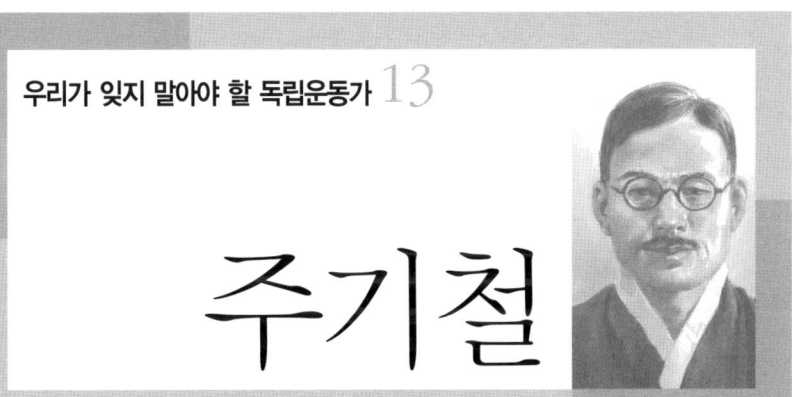

우리가 잊지 말아야 할 독립운동가 13

주기철

이지원 글 | 김광운 감수

파랑새

추천사
삶의 등대가 되어 주는 역사 인물

'도로시'라는 미국의 교육학자는 '아이들은 사는 것을 배운다'라는 유명한 시를 남겼습니다. 그 내용은 다음과 같습니다.

만일 아이가 나무람 속에서 자라면 비난을 배웁니다.
만일 아이가 적개심 속에서 자라면 싸우는 것을 배웁니다.
만일 아이가 비웃음 속에서 자라면 부끄러움을 배웁니다.
만일 아이가 수치심 속에서 자라면 죄의식을 배웁니다.
만일 아이가 관대함 속에서 자라면 신뢰를 배웁니다.
만일 아이가 격려 속에서 자라면 고마움을 배웁니다.
만일 아이가 공평함 속에서 자라면 정의를 배웁니다.
만일 아이가 인정 속에서 자라면 자기 자신을 좋아하는 것을 배웁니다.
만일 아이가 받아들임과 우정 속에서 자라면 세상에서 사랑을 배우게 됩니다.

이 아름다운 시처럼 우리들의 아이들은 끊임없이 세상에서 무엇인가 배우고 있습니다. 자라나는 아이들에게 사는 것을 배우게 하는 가장 좋은 방법은 무엇일까요? 그것은 아마도 우리나라가 낳은 조상들 중에서 훌륭한 업적을 이룩하신 역사적 인물들을 배우고 그 인물들을 통해서 그들의 애국심과 남다른 인격을 본받는 것입니다. 지금까지 어린 아이들을 대상으로 하는 위인전은 많이 있었지만 이번에 발간한 인물 이야기처럼 이제 막 인격이 성숙하기 시작하는 초등학교 고학년에서부터 사춘기에 이르는 중학생을 상대로 한 인물 역사책은 거의 없었던 것으로 알고 있습니다. 사실 이런 책들은 역사를 인식하고 역사적 인물을 이해할 수 있는 연령을 대상으로 하였을 때, 비로소 그 빛을 볼 수 있다고 생각합니다.

꼭 알아야 할 역사적 인물을 선정해서 발간하는 이 책은 우리 아이들에게 무한한 자부심과 희망과 꿈을 키워 줄 것입니다.

그리고 이 책은 역사학자들의 철저한 감수와 고증을 거쳐 역사적 사실이 흥미 위주로 과장되거나 주관적인 해석으로 왜곡되지 않고 정확하게 전달되도록 온 힘을 기울였습니다.

존경하는 인물을 한 사람 가슴에 품고 자라난 아이들은 가슴 속에 하나의 등대를 갖고 있는 항해사와 같습니다. 아이들의 먼 인생 항로에서 언제나 꺼지지 않는 등불이 되어 절망과 역경에 이르렀을 때도 그 앞길을 밝혀 주는 희망의 등불이 될 것입니다.

자라나는 아이들은 미래의 희망입니다. 그들에게 사는 것을 가르치기 위해서는 아이들이 살아갈 조국, 내 나라 내 땅을 위해 땀과 피와 목숨을 바친 훌륭한 역사적 인물들의 씨앗을 우리 아이들의 가슴 속에 뿌려 주는 일일 것입니다. 그 씨앗은 아이들 가슴 속에서 무럭무럭 자라나 마침내 아름다운 꽃과 무성한 열매를 맺게 될 것임을 저는 의심치 않습니다.

이어령 전 문화부 장관

지은이의 말

내가 어렸을 때 주기철 목사님의 순교에 대한 이야기를 들려주신 분은 교회의 장로님이신 아버지셨다. 난 처음 그 이야기를 들었을 때 막연히 '왜 주기철 목사님은 도망치지 않고 붙잡혀서 순교를 당하셨을까?' '무서운 형사에게 붙잡혔을 때 잘못했다고 빌었으면 되지 않았을까?' 하고 생각해 본 적이 있었다. 그리고 어린 내겐 '그 당시에 교회를 다니는 것이 왜 죽을 만큼 나쁜 일이었을까' 하는 생각이 전부였다. 차츰 나이가 들면서 순교의 뜻을 이해했지만 주기철 목사에 관한 책은 어디에서도 찾을 수가 없었다. 그리고 고등학생이 되어서 주기철 목사는 신사 참배를 하지 않아 순교를 당했다는 단편적인 지식을 얻었을 뿐이었다.

몇 년 전 우연히 서점에서 정연희 선생님이 쓴 《주기철》이란 소설을 읽게 되면서 다시 한 번 주기철 목사의 삶에 관심을 갖게 되었다.

마침 파랑새 출판사의 '인물로 보는 한국사'에서 주기철이란 이름을 발견하고 난 선뜻 도전해 보기로 했다. 그 까닭은 내가 어릴 때 주기철에 관한 책을 읽을 수 없었기 때문이다. 이 글을 쓰면서 아쉽게도 주기철 목사님이 남긴 글이 별로 없다는 사실을 알게 되었다.

순교자란 자기가 믿는 신앙을 지키기 위해 목숨을 바치는 사람을 일컫는 말이다. 그러니까 주기철 목사님은 기독교를 위해 목숨을 바친 사람이다.

하지만 난 이 책을 쓰면서 교회에 다니지 않는 친구들이 읽을 수 있도록 쓰려고 노력했다. 왜냐하면 주기철 목사는 순교자이면서 누구보다도 못 사는 나라와 가난한 이웃을 사랑한 분이기 때문이다.

이 글을 쓰는 내내 난 주기철 목사의 순고한 신앙심에 몇 번이나 도전을 받았다. 그 무서운 고문을 견디게 해 준 그분의 신앙에 대한 절개에 저절로 고개가 숙여졌고 몇 번이나 울먹였는지 모른다. 행여 내 짧은 상식으로 어린 친구들에게 주기철 목사를 잘못 소개하게 될까 봐 두려운 마음으로 썼음도 밝혀 둔다.

이 책을 읽는 사랑하는 내 친구들에게도 나처럼, 주기철 목사라는 분의 삶이 진한 감동으로 받아들여지길 기도해 본다.

이지원

차례

추천사 4
지은이의 말 8

1. 웅천에서 보낸 어린 시절 12
2. 토끼 눈 학생 23
3. 신앙과 민족애를 기른 오산학교 32
4. 잊을 수 없는 선생님 40
5. 고향에서 49
6. 행복한 결혼 생활 57
7. 부흥 사경회에서의 깨달음 66

8. 목사 안수를 받다 75

9. 초량 교회 부임과 시련 84

10. 아내 안갑수의 죽음 95

11. 동역자 오정모 107

12. 신사 참배를 내세운 일본의 교회 탄압 119

13. 순교의 첫걸음 128

14. 혹독한 고문을 견디며 137

15. 반가운 전보 150

16. 5종목의 기도 165

17. 이제 주님 곁으로 179

1. 웅천에서 보낸 어린 시절

"기복아, 기복아!"

다급한 목소리는 귀에 익은 듯하면서 낯설기도 했다. 온몸이 좁은 통 속에 갇힌 듯 답답함을 느꼈다. 기복이는 대답을 하고 싶었지만 목소리마저 갇힌 듯 몸부림을 쳤다. 눈을 뜨고 싶었지만 너무나 눈이 부셨다.

"아가, 정신 차리거라, 기복아."

어머니의 목소리였다. 어깨를 흔드는 손길도 분명히 어머니의 손길이었다.

기복이는 억지로 눈을 떴다. 한 묶음의 햇살 가시가 기다렸다는 듯 기복이의 눈 속으로 파고들어 마구 찔러 댔다. 벌겋게 달아오른 어머니의 커다란 얼굴 뒤로 파란 하늘과 하얀 구름이 한꺼번에 눈 속으로 몰려들었다. 아직 꿈속인가 싶더니 두려움과 함께 확 정신이 들었다.

"어머니, 어떻게 여길……?"

"아이고, 세상에 이게 무슨 짓이야. 아니, 하필 왜 여기까지 와서 잠을 잔단 말이냐."

어머니의 목소리가 떨리고 있었다. 그리고 무엇에 쫓기듯 허둥대며 기복이를 잡아 끌었다.

기복이는 다른 때와 다른 어머니의 모습에 와락 두려움을 느꼈다. 그냥 이대로 끌려가면 크게 야단맞을 것 같아 변명을 하고 싶었다.

"어머니, 실은……."

"일 없다. 어서 따라오기나 해!"

어머니가 너무 빨리 달려서 기복이는 끌려가면서도 넘어질 것만 같았다. 손을 빼 보려고 했지만 얼마나 단단히 붙잡혔는지 옴짝달싹도 할 수 없었다.

그 날 밤 기복이는 어머니에게 종아리가 부르트도록 매를 맞았다. 처음으로 어머니에게 맞은 기복이는 너무 서러워 오랫동안 울음을 그칠 수가 없었다. 아픈 것보다 더 오래 눈물이 나는 까닭은 샘에 갔던 일이 왜 그렇게 어머니를 화나게 했는지 이해할 수 없었기 때문이다. 기복이는 다른 때처럼 어머니가 기복이 눈물을 닦아 주시며 조용히 타일러 마음을 풀어 주시고 그 까닭을 설명해 주시길 바랐다. 그런 기복의 마음을 모를 리 없건만 어머니는 시치미를 떼고 계셨다.

기복이가 사는 웅천 백일 마을 산기슭에는 샘터가 하나 있었다.

기복이는 예닐곱 살이 되어 어른들의 말귀를 알아들을 무렵부터 그 샘터에는 비밀스런 무엇이 있다는 걸 알게 되었다.

동네 아이들은 그 샘을 무서워했다. 그리고 천자봉에 올라갈 일이

있으면 그 샘을 피하여 멀리 돌아서 다녔다.
언젠가 기복이는 그 일이 궁금해서 동네 형에게 물어 보았다.
"형, 왜 샘에 가면 안 되는 거야?"
"귀신이 사는 샘이야. 그러니까 가까이 가면 귀신에게 홀려서 샘에 빠진단 말이야."
"쳇! 귀신이 어딨어? 형은 귀신 보았어?"
"쬐꼬만 게 따지기는… 어른들이 그랬단 말이야. 물귀신은 자기가 빠져 죽은 자리에 꼭 사람을 끌어들인다고."
"누가 빠졌는데……?"
"몰라, 몰라."
그 형은 귀신 이야기만 들어도 겁이 난다는 듯 고개를 절레절레 흔들었다.
그 날 밤 기복이는 어머니께 그 샘에 대한 궁금증을 털어놓았다.
그러자 다른 때와 달리 어머니는 버럭 화를 내셨다.
"기복이 너, 그 샘에 갔었단 말이냐?"
"아니, 멀리 돌아가면서 그냥 바라만 보았어요."
"왜 바라보았어, 응?"
기복이는 처음 보는 어머니의 무서운 얼굴에 얼른 대답이 나오질 않았다.
"다신 그 샘 곁에는 얼씬도 하면 안 돼, 알았지?"
잠시 후, 어머니의 목소리는 부드럽게 변해 있었다.

그 날 이후 기복이의 마음속엔 작은 호기심이란 나무가 싹을 틔우고 있었다. 그 나무는 비밀을 먹고 더 신비롭게 자라 언젠가는 꼭 가 보리라는 결심을 매달게 되었다.

오늘은 유난히 봄 햇살이 따스했다. 어른들이 모두 들일을 나가서 빈집에 윙윙거리는 꿀벌 소리까지 심심한 생각이 들게 했다. 기복이는 밖으로 나왔으나 마땅히 놀 친구들도 없었다. 여덟 살이면 소꼴을 베러 갔거나 소 풀을 뜯으러 갔을 나이였다.

주춤주춤 동구 밖까지 나간 기복이는 힐끔 주위를 살펴보았다. 넓은 들판 어디에도 상관할 어른이 없음을 확인한 기복이의 가슴은 아플 만큼 콩콩 뛰기 시작했다. 누군가 자신을 보고 금방이라도 부를 것처럼 뒤꼭지가 근질거려 마구 뛰었다. 나무들이 몸을 가려 주는 산에 들어서면서 기복이는 '휴' 하고 큰 숨을 내쉬었다.

백일산은 밋밋하고 길이 나 있다고는 하지만 기복이가 오르기엔 쉽지 않았다. 산중턱부터는 평평하고 넓은 바위가 있고 바위 틈엔 진달래와 키 작은 나무들이 손을 흔들고 있었다.

기복이는 바위에 앉아 땀을 식히며 진달래꽃을 따서 입에 넣었다. 향긋한 꽃 향기와 함께 떨떠름하며 달콤한 맛이 입 안에 가득 고여 왔다. 기복이는 그렇게 쉬엄쉬엄 샘터가 있는 꼭대기까지 어렵지 않게 오를 수 있었다. 동네에서 떨어진 샘터는 고요했고 근처에는 진달래가 무리 지어 곱게 피어 있었다. 그 옆에는 이름 모를 나무가 초록색 잎을 매달고 자랑하듯 몸을 흔들어 댔다.

기복이는 조심스럽게 다가가서 샘 속을 들여다보았다. 큰 돌을 깨고 팠다던 샘물은 깊었다. 돌 틈에서 흘러나오는 물은 샘을 넘쳐 흘렀다.

기복이는 두 손을 오목하게 모아 물을 떠서 마셔 보았다. 차갑고 물맛이 좋아 가슴속이 시원해졌다.

'귀신이 산다더니 귀신이 어딨어.'

기복이는 겁쟁이 형들에게 꼭 일러 주리라 마음먹었다.

햇볕이 따스했다. 올라오느라 피곤했던 기복은 마른 검불 위에 눕자 소르르 졸음이 왔었다.

샘에 가는 것이 왜 그리 어머니를 화나게 했는가를 알려 준 것은 아버지였다.

며칠 후, 아버지는 기복이를 데리고 그 샘에 가셨다. 어느새 진달래는 지고 조팝나무가 하얗게 꽃대를 밀어 올리고 있었다.

"여기서 네 큰어머니가 돌아가셨다. 그러니까 네 형들과 누나를 낳은 어머니지."

기복이도 형들이나 누나와 너무 나이 차이가 나서 이상하다고 느끼고 있었다. 기복이는 그제야 머릿속의 안개가 걷히는 것 같았다. 동네 사람들은 물론 어머니도 행여 돌아가신 큰어머니가 해꼬지를 할까 봐 그 우물을 무서워했던 것이다.

주기철은 1897년 11월 25일, 곧 광무 원년에 경상남도 창원군 웅천면 북부리에서 주현성 장로와 조재선의 넷째아들로 태어났다.

그 해 우리 나라는 10월 12일에 고종이 황제로 즉위하면서 국호를 대한제국이라 고쳤다. 그리고 서둘러 일본인에게 시해 당한 민비를 명성 황후로 봉하여 국장을 치르는 일부터 했다. 그렇게 명성 황후 국장이 치러진 지 나흘 만에 태어난 주기철의 어릴 때 이름은 기복이었다.

기복이의 고향 웅천은 옛 이름이 웅신(熊神)이라고 불릴 만큼 사람들이 귀신을 섬겼다. 집안에 들어가면 마루, 부엌, 장독대 등 발 딛고 눈 닿는 곳이면 모두 귀신 모신 자리요, 밖으로 나가면 성황당 늙은 나무 등 귀신 없는 곳이 없었다.

그처럼 미신이 성행하는 동네에서 기복이의 아버지는 교회의 장로였다.

기복이는 아침마다 아버지가 부르는 찬송과 기도 소리에 눈을 뜨곤 했다. 부드러운 아버지의 찬송가 소리는 어린 기복이의 영혼에 깊이 새겨졌다.

그의 어린 날의 신앙 생활은 엄격함과 열정으로 훈련되었다. 주일날이면 필요한 물건이 있어도 가게에서 사면 안 되었다. 또 아무리 바쁜 모내기 철이나 시간을 다투는 추수철에도 집에서 일하는 머슴조차 일을 하면 안 되었다.

기복의 위로 있는 형 셋은 이미 장성하여 어려서 기복은 집안 식구들의 사랑을 독차지하며 자랐다. 나이 40이 넘어 낳은 막내 기복이에 대한 아버지의 사랑은 각별했다.

어느 날 기복이는 친구들과 말뚝박기 놀이를 하고 있었다. 막 달려가서 엎드린 친구의 등에 올라타려는 순간, 기복이는 문득 뒤통수가 시려옴을 느껴 멈추었다.

골목 저 멀리에서 아버지가 그윽한 눈으로 막내를 바라보고 서 계셨다.

"기복아, 빨리 하지 않고 뭘 하는 거야."

차례를 기다리던 아이가 재촉했다.

"네가 먼저 해라. 난 그만 할래."

기복이가 계면쩍은 얼굴로 놀이에서 빠지자 아버지는 얼른 그 자리를 피하셨다.

아버지는 기복이에게 별다른 것을 요구하는 일은 없었다. 주자의 후예라는 긍지를 단단히 간직한 아버지는 자식들의 학문에 대해 철저했지만 지나치게 글을 읽으라고 강요하지는 않았다.

"사람이 사람답게 되려면 껍질을 벗어야 한다. 짐승 같은 추한 껍질을 벗으려면 글을 읽어야 해. 껍질을 벗어야 제 모습을 보게 되고 갖고 있으면 안 되는 추한 것이 무엇인지 알게 되는 법이야. 하지만 너무 글에만 빠져도 교만해지기 쉬운 법. 제 마음도 다스릴 줄 알고, 또 어려운 사람을 만나면 기꺼이 도울 줄 아는 사람이 되어야 한다."

아버지는 손수 기복이에게 천자문을 가르쳤고 맹자와 공자도 틈틈이 일러 주었다.

아버지는 엄격했지만 많은 자식이나 손주들에게 매를 들지는 않았다. 하지만 너무 떠들거나 심하게 싸우면 내리는 벌이 있었다. 그건 싸운 두 사람의 땋은 머리를 서로 잡아매어 대청마루 기둥에 묶어 놓는 벌이었다. 어느 때는 싸운 두 사람의 발을 함께 묶어 기둥에 매어 놓고 한나절이나 풀어 주지 않은 적도 있었다.

"형제끼리 서로 힘을 합쳐도 살기 어려운 세상인데 서로 싸운다면 남이 얼마나 우습게 여기겠느냐. 둘이 같이 묶여서 한 번 잘 생각해 봐라."

아버지가 그렇게 내린 벌은 집안사람 누구도 말리지 못했고 아이들도 무서워했다.

2. 토끼 눈 학생

웅천 마을에 사는 기복이의 집안 어른들 중에는 시대를 상당히 앞서가는 분이 있었다. 바로 형뻘 되는 주기효였다.

그는 바람처럼 부산, 서울, 평양을 두루 다니며 장사를 했다. 남쪽 물건을 북쪽에다 팔고, 북쪽 물건을 남쪽에다 팔면서 무엇이나 돈이 되는 것이면 사고팔았다. 그러면서 고향에 돌아오면 보고 듣고 체험한 것을 벌여 놓았다. 그래서 주기효 형이 팔도강산을 돌아오면 웅천에는 늘 새 바람이 불었다.

"우리가 일본에게 눈을 뜨고 당하는 이유는 너무 무식해서다. 일본 놈들이 아무리 다 빼앗아 간다고 해도 우리 머릿속에서 지식을 빼앗아 갈 수 없을 게다. 그러니까 우리 모두 배워야 한다. 우리가 살아 남으려면 새로운 문물과 제도를 배우고 익히는 수밖에 없어."

또 주기효는 을사 보호 조약의 부당함과 그때의 울분을 두고두고 토로하였다.

"나라는 그때 이미 결단난 거야. 아무리 힘이 없기로 어떻게 나라를 그 지경으로 만들 수가 있어. 조선 500년이 망하게 된 것은 유교에서 비롯된 그놈의 당파 싸움 때문이야. 그 잘난 유교 정신이 나라와 민족보다 내 부모, 내 자식, 내 집안의 성공만 따지느라 편을 가르고 당파 싸움을 일삼게 만든 거야."

주기효는 을사 보호 조약이 체결된 다음 해 3월, 웅천 사립 개통학교를 설립했다. 그는 천도교 교리에서 쓰는 개통(開通) 이념을 학교 이름으로 삼았고 수업 연한은 7년이었다. 그는 자신의 집을 사립학교의 건물로 개방했다. 그리고 자신이 교장과 교무주임 일을 함께 맡았고 쓰레질까지 하면서 아이들을 가르쳤다. 그는 어업과 염전에서 나오는 돈을 모두 학교를 위해 썼다.

설립되던 해에 기복은 이 학교에 입학했다. 그의 나이 아홉 살 때였다.

교장 선생님은 우선 학교에 입학한 남학생들의 댕기와 상투부터 잘랐다.

"조상에게 물려받은 상투를 자르다니?"

몇몇 학부형들은 학교로 몰려와 항의를 했다.

"상투를 튼 겉 모습만이 조상을 위한 것은 아니오. 우리가 어서 무지와 무식에서 깨어야만 나라를 지킬 수 있고 또 자녀들에게 부끄럽지 않은 부모가 될 수 있을 거요."

또 개통학교에서 가르치는 성경을 두고도 말이 많았다.

"나라를 일본에게 빼앗긴 것도 억울한데 학교에서 서양 종교를 가르친다는 게 어디 말이나 되는 소리요?"

"예수교는 서양 종교가 아닙니다."

주기철의 형제 가운데 제일 먼저 교회에 다니기 시작한 사람은 장남 주기원이었다. 그리고 차츰 온 가족이 교회에 나가기 시작했다.

개통학교에서는 휘문 의숙 출신인 이규설 선생님이 계셨고 한말(韓末) 통영 통제영의 수군 출신인 유수영 선생님이 체조를 맡았다.

특히 김창환 선생님이 맡은 역사 시간이면 온 교실에 긴장감마저 감돌았다.

"……부산, 마산, 군산, 원산, 진남포 등 항구는 일본이 드나들기 위

한 항구가 되었다. 일본이 장사를 하기 위해 개항한 항구들이다. 그들은 우리 국토에 있는 광산을 차지하고 광산 권을 따냈다 하면 광물을 마구 캐 가고 있다. 우리 땅에 철도를 놓아 준다고 감언이설(욕심을 내게 만드는 달콤한 말)을 늘어놓고 철도 권은 저희가 움켜쥐었단다…….”

선생님은 이 대목에서 잠시 말을 멈추었다. 창 밖을 바라보고 서 있는 선생님은 커다란 분노를 억지로 참고 계신 그런 얼굴이었다. 그 순간 교실 안은 조용해졌다.

선생님은 왜놈들이 임진왜란 같은 전쟁을 일으켜 우리를 괴롭히고 횡포를 부리다 우리 나라를 통째로 삼킨 역사를 들춰내어 어린 학생들의 마음에 애국심을 심어 주었다. 흰 종이처럼 순수한 어린 영혼들의 마음에 역사 의식을 심어 준 것이다.

실제로 기복의 가슴에 나라와 민족의 의미가 확고하게 자리잡은 것도 그 무렵이었다. 그것은 앞으로 그가 신앙 생활을 하면서, 또 신앙을 지키기 위해 겪게 되는 많은 어려움에도 흔들리지 않는 확고한 신념이 되었다.

또 선생님은 일부러 시간을 내어 학생들을 데리고 다녔다.

"이곳이 임진왜란 때 이순신 장군이 일본 군선 100여 척을 수장시킨 곳이다."

"임진왜란이 정말 일어났었구나!"

책에서만 읽었던 막연한 사건이 실제 현실로 받아들여지는 순간이었다.

"너희들이 어서 자라서 반드시 나라를 찾아야 한다. 그러기 위해선 시간을 아껴 부지런히 배워서 세상을 보는 견문을 넓혀야 한다."

"네, 선생님!"

아이들은 큰 소리로 대답함으로써 자신의 결심을 밝혔다.

그때는 이미 일본이 1905년 '을사 보호 조약'을 통해 우리 나라를 보호한다는 명분으로 차지했고, 1907년에 다시 정미 조약을 맺어 내정 간섭과 주권 침해를 행사하고 있었다. 아무리 나라를 지키려고 해도 일본을 대항하기엔 역부족이었다. 점차 세계의 큰 나라 대열에 끼이면서 아시아 패권을 노리는 일본 앞에서 우리 나라가 취할 수 있는 길이란 강력한 정신력으로 무장하는 길밖에 없었다.

이때부터 기독교가 우리 민족사에 공헌하게 되었다. 우리의 힘을 무력에 두지 않고 신앙에 둔다는 것이다.

1903년 원산에서 시작된 부흥 운동은 평양을 거쳐 서북 지방을 휩쓸었고 호남과 영남까지 번져 나갔다.

주기철도 개통학교에서 이 물결에 휩쓸렸다.

주기철이 웅천 교회에 입교한 것은 1910년 12월 25일, 한일 합방이 있은 다음 첫 크리스마스 날이었다. 14세의 순수함과 낭만으로 그의 신앙을 고백한 것이다.

그가 개통학교에 들어간 것은 을사 보호 조약의 전국적 혼란기였다. 또 그가 교회에 입교해서 신앙 생활을 시작한 것은 한일 합방으로 나라가 치욕을 당한 국치 때였으니 그가 신앙을 통해 자연스레 반일 감정을 키우게 된 것도 우연만은 아니었으리라.

어느 날 아침, 주기철은 잠이 깨었는데 눈이 떠지지 않았다. 눈을 심하게 비벼 보았지만 아래 위 속눈썹이 풀로 붙여 놓은 듯 단단히 붙어 있었다.

"어머니, 눈을 뜰 수가 없어요."

아침 준비를 하다 깨우러 들어온 어머니가 주기철의 고개를 뒤로 젖히고 얼굴을 들여다보았다.

"아이고 이 노릇을 어찌할꼬. 네가 나한테 눈병을 옮았구나. 어쩔거나 이 병은 고질인데……."
어머니는 소금물에 주기철의 눈을 씻으며 한탄했다.
"쯧쯧, 어미가 되어 좋은 것은 물려주지 못하고 눈병을 물려주다니. 세상이 개화되어 서양 의원들이 들어왔다니 그런 의원을 만나면 고칠 수 있을까 모르겠구나."
갑갑한 눈으로 마당을 지나 우물로 가면서 주기철은 장님들은 얼마나 불편할까 하는 생각을 했다.
그 후 어머니는 한약을 지어 달여 주었지만 안질은 좀처럼 가라앉지 않았다.

"기복이는 토끼 눈이다. 빨간 게 토끼 눈하고 똑같아."

친구들이 놀려 댔다.

친구들의 놀림이 견디기 힘들었다. 그러나 눈이 따갑고 침침한 불편함에 비하면 아무렇지도 않았다. 하지만 이러다 장님이 되는 게 아닌가 하는 두려움이 주기철을 가장 힘들게 했다.

3. 신앙과 민족애를 기른 오산학교

　주기철이 개통학교 졸업을 앞두고 상급 학교로의 진학을 결정하지 못하고 있을 때였다.

　1911년, 일본 경찰이 민족 운동을 탄압하기 위하여 다수의 신민회원을 체포하여 고문한 '105인 사건'으로 전국은 온통 들끓고 있었다.

　한일 합방을 끌어낸 일본은 한국을 통치하는 데 방해가 되는 장애물은 뿌리째 뽑아서 없애 버린다는 방침을 세웠다.

　그들의 눈에 가장 거슬려서 첫 번째 타도의 대상이 된 것은 강력한 전국적 조직을 갖춘 신민회였다. 그리고 그 배경이 된 기독교회를 말살한다는 계획이 은밀히 진행되고 있었다. 그들은 신임 총독 데라우치를 암살하려 했다는 엄청난 사건을 날조(사실이 아닌 것을 사실처럼 거짓으로 꾸밈)하여 전국에 있는 600여 명의 애국 지사들과 많은 교회의 지도자들을 잡아들였다. 그리고 그 중 105명을 잔인한 고문으로 거짓 자백시켜 법정에 세운 사건이었다. 이 105명 가운데는 징역 10년을 언도 받은 남강 이승훈도 있었다.

　이승훈이 정주에 오산학교를 설립한 것은 1907년 12월이었다. 이승훈은 개교식에서 오산학교의 교육 이념을 이렇게 밝혔다.

지금 나라가 기울어 가고 있는데 우리가 그저 앉아 있을 수만은 없다. 이 아름다운 금수 강산, 우리의 선인들이 피와 땀으로 지켜 온 강토를 일본인들에게 내맡긴다는 것은 차마 있어서는 안 된다……. 총을 드는 사람, 칼을 드는 사람도 있어야 할 것이다. 그러나 그보다 더 귀중한 일은 백성들이 깨어 일어나야 한다. 세상이 어떻게 돌아가는지도 모르고 있으니 그들을 깨우치는 일이 제일 급한 일이다……. 내가 오늘 이 학교를 세우는 일도 후진을 가르쳐 만 분의 일이라도 나라에 도움이 되기를 원하기 때문이다.

주기철에게도 오직 교육과 애국의 뜨거운 열정으로 오산학교를 세운 이승훈의 인품을 만나는 역사적인 순간이 찾아왔다.

마침 춘원 이광수가 오산학교를 소개하는 전국 순회 강연 차 마산에 가는 길에 웅천에 들른 것이다. 그때 이광수는 오산학교에서 교편을 잡고 있었다.

강단으로 올라서는 이광수는 보는 사람의 눈을 확 끌어당길 만큼 단정하고 잘생긴 인물이었다.

……우리 앞에는 신천지가 열려 있습니다. 나라는 비록 일본에게 짓밟히고 있지만 여러분에게는 배움의 문이 열려 있습니다. 홀

룡한 선생님들이 계신 오산학교로 오시오. 일본의 총칼이 아무리 강하다 해도 여러분의 머릿속에 있는 지식을 빼앗지는 못합니다. 우리 젊은이들이 배우지 않으면 나라를 다시 찾을 수가 없습니다. 우리 나라의 미래는 여러분의 어깨에 달려 있습니다. 오산학교에서는 기독교 정신에 바탕을 두고 젊은 인재를 길러내고 있습니다. 내일을 이끌어갈 많은 청년들이 구름처럼 모여들고 있습니다…….

이광수의 강연을 들은 젊은이들의 가슴은 뜨겁게 달아올랐고 그의 말 하나하나는 주기철을 자극하기에 충분했다.
'맞아, 배워야 한다. 일본이 총칼로 빼앗아 가지 못할 학문을 쌓아 우리 나라를 다시 찾아야 한다.'
그때 곁에서 누군가 아는 체를 했다.
"저분도 오산학교 출신이란다. 오산학교가 세워진 정주가 고향이거든. 일본 메이지 학원에서 공부하고 돌아와 오산학교에서 후진을 가르치고 있어."
"그럼 오산학교에 가면 저분의 가르침을 받을 수 있겠구나."
'오산학교.'
주기철은 가만히 입 속으로 불러 보았다. 그리고 다음 순간 주기철은 오산학교로의 진학을 결심했다.
그러나 집안에서는 상급학교 진학을 선뜻 허락하지 않았다. 그 이

유 중 한 가지는 웅천에서 정주까지 너무 멀다는 것이었다.

"오산학교가 아무리 멀다고 하지만 우리 나라 땅입니다. 보내주십시오. 이제 제 나이도 열여섯 살입니다."

"하긴 네 나이에 장가 들어 아비가 된 사람도 많다마는……."

큰형이 반승낙을 하자 주기철은 바짝 다그쳤다.

"공부를 끝내고 집안일을 도우라면 열심히 돕겠습니다."

아버지는 아까부터 두 아들이 주고받는 말을 잠자코 듣고만 계셨다.

"아버님께 간청이 있습니다. 제 이름을 고쳐 부르고 싶습니다."

"이름을 고치다니. 네 이름 기복이가 어때서?"

형이 나섰다.

"나라 형편이 쉽게 편해질 것 같지도 않은데 복 '복(福)' 자를 넣은 이름은 좀 안 어울리는 것 같습니다. 나 하나만 잘 살겠다는 뜻 같기도 하고……. 그래서 기철이란 이름으로 바꾸고 싶습니다."

"듣고 보니 그럴 수도 있겠구나. 이름까지 바꾸었으면 그 이름에 부끄럽지 않게 열심히 살도록 해라."

아버지가 선선히 승낙을 하셨다.

그렇게 해서 이승에서 복을 기린다는 기복에서 기철로 이름을 바꾸고 호를 소양으로 쓰기 시작했다. 이름을 기철로 바꾼 데서 그의 신앙적 결단을 엿볼 수 있다. 기철(基徹)이란 이름에는 '기독교를 철저히 지킨다'는 신념이 깔려 있기 때문이다. 게다가 성까지 주(朱) 씨였기 때문에 풀이하면 '피로써 신앙에 목숨을 바친다'는 뜻이니 그의 이름은 민족 수난사에 길이 남을 만큼 뜻이 특별하였다.

1913년 초봄, 주기철은 사촌 형인 주기용과 함께 곰개에서 배를 타고 부산에 가서 거기서 기차 편으로 정주에 갔다. 그때 주기철은 15세로 장차 그가 순교할 지방에 처음 발을 들여놓은 것이다.

주기철은 오산학교에 입학하는 날부터 이광수를 찾았으나 보이지 않았다. 주기철을 오산학교로 오게 한 이광수는 지방 여행과 강습 등으로 오산에 오래 머물지 못한 탓에 두 사람은 만나지 못했다.

하지만 남강 이승훈이 주기철에게 남긴 영향은 매우 컸다. 그는 순수하기가 어린아이 같은 사람이었다. 민족 교육뿐만 아니라 산업에서도 자주성과 발전을 확립해야 한다고 주장하는 정신적 지주였다. 그는 이 민족을 살리는 길이 교육과 산업에 있다고 확신했다.

오산학교에서는 이승훈의 기독교적 정신과 이광수의 인도주의가 어우러져 학생들에게 영향을 미치고 있었다. 선교사가 설립하지 않은 교육 기관이기 때문에 사고의 폭이 자유로울 수 있었다. 또한, 신진 그룹들의 향학열이 이광수가 지향하는 문화로 흡수되기도 하였다. 이 두 사상은 주기철의 인품과 신앙의 균형을 잡아 주어서 건전한 정신과 신앙으로 역사에 마주서게 하는 자세를 확립해 주었다.

그러나 이광수의 사상은 점차 주위의 저항을 받았고 그는 결국 오산학교를 떠났다.

뒤를 이어 조만식이 교장으로 부임하면서 오산학교는 경건한 신앙적 분위기를 되찾게 되었다.

주기철이 오산에서 이승훈과 지낸 시간은 그리 길지 않았다. 1915년 3월, 이승훈이 형기를 마치고 돌아와 채 1년도 되지 않아 주기철은 학교를 졸업하였기 때문이다. 그러나 주기철은 이 학교에 배어 있는 그의 사상과 정신에 흠뻑 빠질 수 있었다. 즉 '생지옥 같은 식민지 현실을 지상의 천국으로 바꾼다'는 기독교적 민족 구원이 이승훈의 사상이었다. 그의 꿈은 하느님에 대한 절대적 신앙과 의지로 괴로운 현실을 버티는 것이었다. 이승훈의 그런 정신은 자신의 기념 동상 제막식 연설에 잘 나타나 있다.

내가 오늘까지 오는 데 한 일이라고는 하나도 없습니다. 모두 하느님이 그렇게 만들었습니다. 하느님이 나를 이렇게 이끌어 오늘까지 왔습니다.

절대적 신앙과 민족 산업을 통한 민족 구원을 꿈꾸던 이승훈의 이 사상은 주기철의 가슴에 자리잡아 커가고 있었다.

오산학교에서 받은 교육은 청년 주기철의 가슴에 지워지지 않는 꿈, 그리고 다짐으로 새겨져 주기철 생애의 곳곳에서 빛을 발하였다.

4. 잊을 수 없는 선생님

주기철의 생애에 영향을 끼친 또 한 사람의 스승은 유영모였다. 주기철은 오산에서 1년간 유영모의 경건과 신비주의로부터 특별한 감화를 받았다. 유영모는 민족 교육에 헌신하기로 하였던 완곡한 애국자였으며 깊은 샘 같은 영혼을 지닌 인물이었다.

……'먼저 그 나라와 그의 의를 구하라'고 한 성경 말씀을 잘 새겨야만 합니다. 내 민족이 겪는 고난은 뼈를 깎는 고통입니다. 그러나 우리가 먼저 구해야 할 것은 하늘 나라와 하느님의 의라는 것을 잊어서는 안 됩니다. 나라와 나라 사이에 일어나는 분쟁도 사람이 하는 짓이 아니라는 걸 알아야 합니다. 제일 중요한 것은 이런 시련을 겪으면서 먼저 하느님의 뜻이 어디에 있는지, 하느님의 나라와 의가 무엇인지 깨달아야 한다는 것입니다…….

유영모는 과격한 독립운동의 방법을 취하지 않았다. 국내 교육에서 독립의 기상을 키우려고 하였다. 그는 나라나 민족의 일로 흥분하지

않았다. 일본의 불법이나 만행을 두고 비난한 일도 없었다. 그의 지극함은 오직 예수였다. 늘 고요해 보이는 그의 모습이나 생활은 하느님을 향한 절대적 순종 그 자체였다.

　주기철은 유영모 선생의 신앙과 삶에서 가장 고귀한 것을 배워 그것을 민족 역사의 제단에 스스로 바쳤다.

　주기철은 그런 유영모에 대해서는 많은 말을 남기지 않았다. 그러나 고당 조만식에 대해서는 여러 곳에서 스승의 은혜를 기리는 많은 말을 남겼다. 그 까닭은 주기철이 순교하던 때 시무하던 교회가 산정현 교회였는데 조만식도 당시 그 교회의 시무 장로여서 이 두 사람의 관계가 그의 말년까지 지속되었기 때문일 것이다.

조만식은 메이지 대학 법학부를 졸업하면서 곧장 오산학교로 왔다. 그가 오산에서 가르친 과목은 법제와 지리였다. 그의 수업 시간은 학문이나 지식을 가르치는 시간이 아니라 학생들의 가슴에 민족애를 다져 넣는 시간이었다.

어느 날 저녁 예배를 드리는 시간이었다.

……우리 나라가 이렇게 일본에게 짓밟히게 된 원인 속에는 자기의 것을 천대하고 귀하게 여기지 않는 무지가 있습니다. 인도의 간디는 사리 한 장을 걸치고 세계를 두루 다니며 영국 사람과 당당하게 맞섰습니다. 우리도 우리 땅에서 나는 것으로 먹고 입고 살면서 우리 것을 아끼고 발전시켜 가난을 벗어나야 합니다. 나도 이후부터는 양복을 입지 않겠습니다.

조만식은 학생들 앞에서 입고 있던 양복을 벗어서 찢어 버렸다. 그

리고 서양식 모자도 구겨 던졌다. 그 후로 조만식은 낡은 솜으로 실을 켜서 짠 무명, 곧 검정색 수목 두루마기를 입었고 테가 좁은 말총 모자에 미투리를 신고 다녔다.

조만식의 물산 장려 운동의 씨앗이 이렇게 싹트기 시작한 것이다.

그 무렵 제1차 세계 대전이 막바지에 이르러 세계가 경제 공황에 시달리고 있었고 국내에도 계속되는 이북의 홍수와 이남의 가뭄으로 농촌의 궁핍함이 전국을 심각한 위기로 몰아가고 있었다. 거기다 가혹한 세금, 농산물 가격의 폭락, 금융시장의 정체까지 겹쳐 경제적 시련이 목을 조이고 있었다.

이런 위기 속에 조만식은 민족 생존의 방향을 경제 입국에 두고 기독교와 경제, 이 두 가지 동력에 의한 민족 갱생을 꿈꾸게 되었다. 그것이 물산 장려 운동으로 구체화하는 데는 시간이 걸렸지만, 그 정신적 원형이 주기철의 오산학교 시절에 뚜렷한 윤곽으로 나타나 학생들에게 전달되었다.

이승훈과 조만식은 주기철의 마음에 깊이 뿌리를 내린 두 그루의 나무와 같았다. 수목 두루마기에 말총 모자를 쓰고 짚신을 신은 모습으로 뼈를 갈듯 민족의 깨우침을 위해 두 분은 몸을 아끼지 않았다.

어느 날 이승훈이 주기철을 만난 자리에서 주기철의 안질을 크게 걱정했다.

"자네, 안질이 너무 심하네. 그렇게 고생스러워서야 어디 공부나 제대로 되겠나? 서울에 가면 양의가 있을 텐데 공부를 좀 쉬더라도 치료를 받는 게 어떻겠나?"

조만식 선생도 마찬가지였다.

"평양에 가면 선교사가 운영하는 병원이 있으니 한 번 가서 진찰을 받고 고쳐 보게나."

주기철의 눈병은 평양에 가서 진찰을 받고 약을 타다 먹고 바르면 잠깐 낫는 듯하다가 다시 도졌다.

"허허 그것 참, 그러다가 고질이 될까 봐 걱정이네."

이승훈도 조만식도 주기철의 안질을 몹시 걱정했다.

주기철은 한창 감수성이 발달될 15세 나이에 오산학교에 들어와 18세에 그곳을 떠났다. 그 3년 동안 그의 순백한 영혼은 자유 분망한 이광수에게 자연주의적 모습을 배웠고, 유영모를 통해 신앙의 초월적 차원을 알게 되었다. 또 민족 자본의 규합과 산업 진흥으로 민족 구원의 길을 모색하던 이승훈에게서 기독교의 역사적 소명을 깨닫게 되었다. 그리고 조만식에게서 실생활로서 신앙의 절개를 역설하고 경제적 자립에 의해 민족을 구원하는 투사적 모습을 배웠다.

졸업은 앞둔 어느 날 조만식이 주기철을 따로 불렀다.

"나라가 무너지고 있네. 조선 총독부가 전매청이란 걸 두어 술과 담배를 전매화하고 거기다 세금까지 매겨서 팔고 있네. 우리에게 몸에 해로운 술과 담배를 먹게 만들면서 세금까지 빼어 먹겠다는 속셈이야. 나라의 앞날이 너무 암담하네. 우리가 이 나라를 회복하려면 배워서 알아야 하고 배워서 깨우친 뒤에는 경제적 힘을 길러야 하네. 그러니 자네처럼 뜻있는 젊은이가 상과를 전문해서 우리 나라 경제를 부흥시켜야 하네. 민족 산업을 일으키지 않고는 독립의 길은 아득하네. 작년(1915년) 봄에 조선 기독교 대학이 설립되었으니 거기 상과를 택해서 진학을 하게나."

이승훈도 조만식의 생각과 같았다.

"명심, 또 명심해서 따르겠습니다. 헐벗고 굶주리는 내 민족을 위해 제가 할 수 있는 일이라면 어디 가서 무엇이든 하겠습니다."

주기철에게 두 선생님의 말씀은 삶의 명령과 같았다.

오산학교를 졸업한 주기철은 1916년 3월 23일 서울에 갓 세워진 조선 기독교 대학 상과에 진학했다.

1917년 조선 기독교 대학 후신으로 개교한 연희 전문 학교의 설립 목적은 투철했다. 기독교 정신을 토대로 심오한 학문을 연구하고 고도의 기술을 연마하여 국가와 민족의 지도적 인물을 양성하며 더 나아가 세계 인류의 평화와 행복을 위하여 공헌할 인재를 길러 낸다는 원대한 목적이었다.

서울로 온 후 주기철의 안질은 훨씬 심해졌다. 오산학교의 맑은 공기에 비하면 서울의 공기는 탁했다.

보다 못한 학급 친구가 걱정을 했다.

"자네, 그렇게 안질이 심해서야 어떻게 공부를 계속한단 말인가. 고향에 가서 우선 안질을 치료한 후 학업을 계속하는 게 순서가 아니겠나."

주기철은 이제 막 시작한 공부를 쉰다는 것이 마음에 내키지 않아 쉽게 결단을 할 수 없었다. 눈이 성치 않으니 너무 불편하고 괴로웠다. 책을 읽을 수 없으니 공부에도 지장이 컸다. 하지만 그보다 더 힘든 것은 사람을 대하는 일이었다. 얼굴을 마주볼 수 없으니 미안해서 자꾸 피하게 되었다.

주기철의 안질은 날이 갈수록 심해졌다. 게다가 큰형이 운영하는 염전 사업이 어려움을 겪는다는 소식은 마음까지 어둡게 했다. 고향 형편이 여의치 않은데 공부를 계속하겠다고 고집을 부릴 염치가 없었다. 주기철은 1년도 못 되어 안질 앞에 무릎을 꿇었다. 안질은 평생 그의 몸의 '가시'였다. 만일 그가 눈이 좋았더라면 상업 공부를 계속했을 것이고 그렇다면 그는 훌륭한 기업가나 일제 치하에서 금융 조합 관리로 이름을 남겼을지도 모른다. 그러나 그의 눈은 연희 전문 학교에서 하는 세상 공부보다 영의 눈으로 새로운 세계를 보도록 되어 있었는지도 모른다.

그때까지 아직 뚜렷한 마음의 변화도, 작정도 없었지만 그는 조선 기독교 대학을 그만두고 고향으로 돌아왔다. 1916년 가을이었다.

5. 고향에서

처음 고향에 돌아온 주기철은 갑자기 잠이 쏟아지는 것 같았다. 어느 날은 온 종일 끼니도 거른 채 아무리 식구들이 깨워도 일어나질 못했다. 며칠 동안 그렇게 늦잠도 자고 낮잠도 자면서 객지에서 지친 몸과 마음을 추스렸다. 몸과 마음이 편해서인지 눈도 한결 부드러워진 느낌이 들었다.

어느 날, 그 날도 늦게 일어나 아침 겸 점심을 먹는데 아버지가 물으셨다.

"그래, 앞으로 학교는 어떡할 셈이냐?"

"눈이 나으면 계속해야지요."

"그럼 어서 병원에 다녀야지."

주기철은 그 날로 진해까지 다니면서 안질 치료를 받았다. 그러나 별 차도가 없었다.

처음에는 장담을 하던 의사가 고개를 갸우뚱하면서 큰 병원처럼 시설이 좋지 못함을 탓하였다. 그리고 자신이 없다는 듯 은근히 유명한 안과 병원에 가 볼 것을 권하는 눈치였다.

주기철은 넉넉 잡고 한두 달, 아니 한 학기만 쉬면 안질이 뿌리 뽑힐 줄 알았다. 그런데 벌써 1년이 다 되도록 차도가 없었다. 눈병이 나으면 곧 연희 전문으로 돌아갈 수 있을 것 같던 기대감이 무너지며 짙은 절망감이 그의 몸과 마음을 괴롭혔다.

그 무렵 주기철의 집에는 오산학교의 동문인 친구 이약신이 와 있었다. 이약신은 어려서 부모를 잃고 고아로 자라 마땅히 기거할 곳도 없는 그런 친구였다. 이약신은 주기철이 고향으로 내려온 후부터 눈치 없이 눌어붙어 있었다. 그러나 누가 뭐라고 해도 주기철에게는 마음을 털어놓을 수 있는 허물없는 좋은 친구이기도 했다.

주기철은 허송세월만 할 수 없어서 뜻이 맞는 이약신, 오상돈과 함께 야간 학교를 열어 교남학원이란 이름을 붙였다. 그리고 농사일이 끝난 밤에 야학으로 동네 청년들에게 공부도 가르쳤다. 공부가 끝나면 세상 돌아가는 일과 나라의 앞날에 대해 토론을 하기도 했다.

"…… 레닌이 소비에트 정부를 수립했다고 하는데 그는 어떤 인물일까? 이제 미국까지 제1차 세계 대전에 끼여들었으니 전쟁은 어떻게든 결판이 나겠지만 우리 나라는 어떻게 되는 걸까?"

그런 시국 이야기는 밤을 새워 토론해도 결말이 나질 않아 안타깝기만 했다.

"젊은 우리가 이렇게 있어도 되는 걸까?"

주기철은 이약신을 만나면 그렇게 자신에게 하듯 반문을 했다.

"그게 무슨 말인가?"

"학교에서 야학으로 아이들을 가르치는 것만으로 우리의 할 일을 다 했다고 할 수 있느냐는 말이네."

"그렇다고 다른 뾰족한 수도 있는 것도 아니지 않은가."

주기철은 마음의 답답함을 잊으려는 듯 이것저것 일을 벌였다.

아직은 초라하지만 도서관을 개설하기로 했다. 우선 자신이 갖고 있던 책을 내놓았다. 혹 누가 좋은 책을 갖고 있다는 소문을 들으면 일부러 찾아가서 기증을 받고 꼭 필요한 것은 사기도 했다. 그렇게 해서 청년들의 안목을 높여 주려 애썼다. 또 운동을 좋아하는 사람들을 위하여 아침 일찍 모이는 조기 운동회를 열기도 했다. 그리고 음악회를 마련하고 마을 사람들이 서로 어울릴 수 있도록 원족(소풍)을 주선하기도 했다. 농한기면 집집마다 모여서 술을 마시고 취하면 싸우는 것을 막기 위해 금주법도 만들었다. 노름으로 1년 동안 농사 지은 식량을 몽땅 잃는 것을 막기 위해 화투짝을 모두 걷어 불태웠다.

"담배는 우리 몸에 백해무익한 것입니다."

청년회를 중심으로 담배를 끊는다는 단연회도 만들었다.

"나라를 찾기 위해서, 우리의 국권을 회복하기 위해서 우리 모두 뭔가를 해야 합니다."

주기철의 주장에 청년들은 모두 찬성하며 따랐다. 그는 온몸을 바치고 머리를 짜내서 잘 살아 보기 위한 방법을 찾았다.

그 무렵, 조선 총독부에서는 토지 조사 사업을 끝내 가고 있었다.

"아니, 남의 땅을 조사해서 어쩌겠다는 거야?"

"그야 뻔하지. 마음대로 주물러 요리하겠다는 것이지."

일본은 이제 서서히 속셈을 드러내 보이기 시작했다.

그나마 소작을 부쳐 먹고 있던 소작인들은 땅을 빼앗기게 되자 고향을 떠나 만주로 흘러 들어갔다.

나라가 위급해지면 애국자가 나오는 법이었다.

만주에서는 김좌진, 이준, 김규식 등이 나라를 찾겠다고 독립운동에 목숨을 걸고 싸우고 있었다.

미국 윌슨 대통령이 민족 자결주의를 발표한 것이 그때였다. 전 세계가 그의 주장을 주목했다. 특히 우리 나라처럼 피압박 민족의 지도자들은 윌슨의 교서에 희망을 걸기까지 했다.

우리 지도자들도 만주에서 조선 독립 선언서를 발표하기에 이르렀으며 그것이 역사에 남을 3·1 운동의 불씨가 되었다.

주기철은 주일 날이 되면 일찍부터 교회 청소를 도맡았다. 마당에 물을 뿌려 선명한 빗자루 자국이 남게 쓸었다. 그리고 예배당 안 먼지를 털어 내고 비로 쓸고 마룻바닥을 걸레로 깨끗이 닦았다. 또 저녁 예배를 위해 호롱불을 밝히기도 하고 등피를 말끔하게 닦아 놓았다.

그 시절 웅천 교회에는 이기선 목사가 시무하고 있었다.

어느 날 주기철을 만난 자리에서 이 목사가 넌지시 말을 꺼냈다.

"오상돈과 조직한 웅천 청년 운동단이 저녁마다 명륜당에서 모인다지요. 토론회며 연설이 너무 열성적이어서 일본 관헌들이 주시한다는 소문을 들었소."

이 목사는 고향을 위해 누군가 해야 할 일을 한다며 칭찬을 아끼지 않았다.

그러나 칭찬을 듣는 주기철의 얼굴은 그리 밝지 못했다.

슬쩍 눈치를 살피던 이 목사가 물었다.

"그런데 혹 무슨 어려운 일이라도 있는가?"

"목사님, 야학에서 가르침으로써 사람들의 눈을 뜨게 하는 것도 보람있는 일이지요. 또 강연이며 토론회를 통해서 젊은이들이 이 나라를 알고 민족을 알게 되는 것도 보람있고 가슴 벅찬 일이라는 걸 알고 있습니다. 그런데 그것만으로는 채워지지 않습니다. 저도 그 까닭을 알 수 없습니다. 왜 이렇게 가슴이 허전하고 답답할까요?"

"그야 하던 공부를 중단하고 내려온 탓이겠지. 게다가 형님이 하시는 염전과 어업 일이 한꺼번에 기울어져서 집안이 편치도 않을 테고."

그 즈음 집안 분위기가 전과 같지 않은 게 사실이었다. 형들은 만나기만 하면 수군거리거나 대놓고 큰형에 대해 불평을 했다. 그 까닭은 큰형이 형제들 몫의 전답을 담보로 은행 돈을 끌어 썼다가 사업 부진으로 갚지 못하자 경매 처분을 당했기 때문이다.

"내가 사업을 한 것이 나만 잘 살자고 한 일이냐? 만일 잘되었어도 불평했을까? 너희들, 내가 땅을 은행에 맡기고 돈을 빌려 쓴다고 했을 때 모두 찬성해 놓고 왜 이제 불평하는 거냐?"

큰형은 오히려 동생들이 야속하다고 야단이었다.

"목사님, 전 꼭 집안일 때문에 그런 것 같지는 않습니다. 제가 살아가게 될 인생의 방향이 잡히지 않고 사방이 막혀 있는 듯 답답해서……."

주기철은 제 마음을, 자신도 알 수 없는 그 무엇인가를 설명할 수 없어 답답하고 안타깝기만 했다. 나라를 잃었다는 이유 때문만은 아니었다. 그렇다고 큰형의 사업 실패로 집안 형편이 어려워졌기 때문도, 점점 고질병이 되어 가는 안질 때문도 아니었다. 그 무엇이라고 딱 꼬집어 설명할 수 없어 자신도 안타까울 따름이었다.

이 목사는 그런 주기철을 그윽한 눈으로 바라보았다.

6. 행복한 결혼 생활

1918년, 주기철이 만 20세가 되자 집안에서는 결혼을 서둘렀다.

일부러 집에 들른 이기선 목사는 마침 믿음도 좋고 참한 색시가 있다며 선을 보자고 했다.

상대는 서울 정신학교를 졸업한 열일곱 살의 처녀라고 했다.

그 처녀의 어머니인 이옥분 집사는 김해 일대에 알려진 부자로 원래는 독실한 불교 신자였다. 그런데 뒤늦게 예수를 믿으면서 가난한 자들에게 먹을 것을 나눠 주며 전도를 시작하여 벌써 예배당을 여남은 채나 넘게 세운 여장부라고 했다.

목사님의 말을 들은 어머니는 당장 서두르셨다.

"그만한 신부감이 흔하지 않다는구나. 더구나 장모 될 사람이 그런 분이면 딸인들 오죽 잘 길렀겠냐?"

"어머니, 전국이 전염병 때문에 난리인데 무슨 혼사입니까?"

주기철은 우선 그렇게 미루었다.

그 해 여름부터 나돌기 시작한 콜레라가 전국을 휩쓸고 있었다. 소문에 따르면 서울 서대문 밖에는 죽은 시체가 산더미처럼 쌓여 있고 그 중에는 아직 죽지 않은 사람을 내다버린 매정한 일까지 있다고 했다. 부산도 예외는 아니었다. 전염병은 산골까지 번져 손쓸 틈도 주지 않고 사람들을 휩쓸어 갔다.

"그럼 전염병이 한풀 꺾이면 선을 보겠느냐?"

주기철은 그것까지 못 하겠다고 우길 수가 없었다.

얼마 후 주기철은 어머니와 형들의 성화에 마지못해 선보는 자리에 나가게 되었다.

그곳에는 이름난 전도자 이옥분 집사와 사위 이성철 집사, 그리고 부끄러워 얼굴도 들지 못하는 신부감 안갑수가 기다리고 있었다.

주기철은 자석에 끌리듯 안갑수를 바라보았다. 낯설지 않은 느낌, 마치 태어나기 전부터 만나기로 작정된 일이었다는 생각이 들었다.

'이는 내 뼈 중의 뼈요, 살 중의 살이라……'

문득 《성경》 창세기에 있는 말씀이 떠올랐다.

며칠 후 웅천에 온 이기선 목사는 경사를 만난 사람처럼 좋아하였다.

"세상에 장모 되실 분이 어찌나 좋아하는지, 그 집에서는 한시가 급하다는 듯 혼사를 서두르자는구먼."

주기철은 갑자기 닥쳐온 결혼이 두렵게 느껴지기도 했다. 그러나 집안의 어른들은 잘된 일이라며 한결같이 서둘렀다.

"해를 넘기기 전에 혼례를 올리세. 신랑의 나이 스물을 넘기면 노총각이야. 그리고 색시도 한 살이라도 덜 먹었을 때 데려오는 게 낫지."

　그 해 겨울, 주기철은 이기선 목사의 주례로 김해 교회에서 결혼식을 올렸다.
　두 사람은 북부리에 신혼 살림을 차렸다.
　주기철은 안질도 견딜 만했고 마음도 평온함을 찾은 듯했다. 밤이면 오산학교 친구인 이약신과 함께 야간인 교남학교에서 동리 청년들을 가르치는 일도 전과 달리 보람되고 귀하게 느껴졌다. 또 시국과 나라 앞날에 대한 토론도 꼭 필요한 일과처럼 생각되어 청년 운동에 몸을 바쳐 웅천 일대에 새로운 물결을 일으키자고 다짐했다. 무지하던 사람들의 의식이 조금씩 깨어 가는 것을 보람으로 느끼면서도 주기철은 자주 가슴이 허망함을 느꼈다.
　3·1 운동은 한발 늦은 3월 3일에 웅동면에서 일어났다.
　독립 선언서를 낭독한 사람은 주기철의 사촌 형인 주기용이었다. 400여 명이 모인 자리에서 독립 선언서를 낭독한 뒤에 2천 명으로 늘어난 시위대는 웅천으로 향하였다. 그러나 진해에서 지원병으로 달려온 일본 헌병대의 총탄 앞에 힘없이 무너졌다. 주기용은 잡혀서 1년 6개월의 형을 살았다. 또 시위에 가담했다 잡힌 사람들은 1년 혹은 6개월의 형을 살았다.

주기철도 가담했다가 김해 처갓집으로 피신을 했으나 끝내 잡혀서 헌병대에 끌려갔다가 한 달 만에 풀려 났다.

한 번 불붙은 나라 사랑은 뜨겁게 끓어 올랐다. 전국 방방곡곡에서 일어난 태극기의 물결과 독립 만세의 함성은 짓밟혔던 압제에서 벗어나려는 몸부림이었다.

3·1 운동을 겪은 교회는 민족에게 복음을 전파함으로써 억압당하고 있는 겨레에게 영원한 복음의 축복을 바라는 소박한 신앙을 가지고 있었다. 기독교로 나라를 해방한다거나 하는 정치적 목표는 더욱 없었다. 다만 그리스도를 믿으면 영생의 축복을 받는다는 지극히 원

초적인 복음주의였다.

그러나 전국 방방곡곡에서 피가 흘렀다. 내 형제 부모의 함성은 불에 타고 칼에 찔리고 총에 맞아 주검이 되어 차디차게 길바닥에 내동댕이쳐졌다.

3·1 운동은 우리 민족 모두에게 억울한 좌절감으로 남았다. 교회에 열심히 다니던 신자들에게도 회의가 잇달았다.

'하느님이 계시다면 이럴 수가 있는가?'

'공의의 하느님이라면 저 일본의 극악한 만행을 어떻게 보고만 계실 수 있는가?'

'우리 나라에 무슨 죄가 있다고 일본에게 끝없이 당하고만 있어야 하는가?'

많은 교인들이 교회를 등졌다.

주기철 집안에서 처음으로 신앙을 받아들였고 온 집안 사람을 교회로 인도해서 믿게 한 큰형인 주기원이 교회를 등지자 작은형도 발길을 끊었다. 그러나 교회 당회원이던 아버지는 형들의 마음을 돌이키지 못했다.

3·1 운동의 흥분과 아픔이 가시지 않은 그 해 주기철의 집안에는 경사가 났다. 주기철의 아내가 임신을 한 것이다.

주기철은 암울한 현실과 갈등 속에서 아내의 해산을 목마르게 기다렸다. 어쩌면 자신을 구해 줄 어떤 계기가 될지 모른다는 기대감을 남몰래 안고 있었다.

그 해 10월 25일 아들이 태어났다.

진통을 겪으며 신음하는 아내의 비명을 밖에서 들으며 주기철은 온몸이 저려 오는 것 같았다.

'아, 우리 어머니도 저런 고통 속에서 날 낳으셨구나.'

새삼 어머니에 대한 고마움을 생각하다가 문득 저러다가 아내가 죽을지도 모른다는 불안감에 온몸을 떨었다.

그러다 힘찬 아기의 울음소리를 듣는 순간 주기철의 가슴은 소리가 들릴 만큼 쿵쿵 댔다. 그리고 어머니의 부름이 있기까지 몇 분 동안이 마치 몇 시간이나 되는 듯 지루하게 느껴졌다.

방에 들어서자 강보에 싸인 아기는 어느새 평온히 잠들어 있었다.

"애비야, 어서 안아 봐라. 아들과 첫 대면을 해야지."

어머니가 안겨 준 아기를 안는 순간 가슴이 찌르르하다 못해 코까지 매워지며 눈가가 젖어 왔다. 그것은 말로는 표현할 수 없는 생명의 신비였다.

날이 가면서 아기는 옹알이를 하고 눈을 맞추며 웃기도 했다.

주기철은 그런 아이를 보면서 마음이 평온해짐을 느꼈다. 새삼 가정의 소중함도 깨달아 갔다. 그 아들 영진이가 백일을 넘기고 벌벌 기어다니며 아버지를 알아보고 벙긋벙긋 웃기 시작하자 가슴은 온통 기쁨으로 떨려 오는 것 같았다.

그러다 문득 '난 지금 하느님보다 아내와 아들을 더 사랑하고 있지는 않은가? 내가 즐기고 있는 이 단맛이 하느님을 향한 신앙심을 흐리

게 하고 있지는 않은가?' 하는 생각이 비수처럼 마음을 찔렀다. 모두 힘들고 어지러운 세상에서 혼자만 느끼는 평안함이 왠지 미안하다는 생각도 들었다.

'아, 난 어떻게 살아야 이 갈등에서 벗어날 수 있을까?'

주기철은 고향에서 어른 대접을 받았다. 또 청년 운동가요, 독립에 뜻을 둔 애국 지사 대접도 받고 있었다. 그러나 스스로 자신을 생각해 보면 아직도 어른이 못 되었다. 뜻을 바로 세운 사람도 아니었다. 어쩜 어정쩡한 모습으로 시간만 죽이고 있어 한심한, 마음속엔 온갖 갈등이 마치 성난 파도처럼 출렁대는, 아직도 방향을 찾지 못한 고장난 배와 같았다.

7. 부흥 사경회에서의 깨달음

 마산 문창 교회에서 부흥회가 열린다고 했다.
 교회를 다니고 있던 신자는 물론 예수교를 우습게 여기던 사람들까지 술렁거리기 시작했다.
 "앉은뱅이도 일으키고 소경이 눈을 떴다는 그 유명한 김익두 목사라면서?"
 "설마, 공연한 헛소문이 아닐까?"
 "지난 5월에 부산진 집회에서 직접 보았다는 사람도 있다잖아."
 "하긴, 귀머거리의 귀가 뚫리기도 했다는 거야."
 "진짜인지 보았으면 좋겠다."
 그런가 하면 한편에서는 머리를 흔들며 당치도 않다는 사람들도 있었다.
 "그게 상식적으로 있을 법이나 한 일이야? 다 짜고 하거나 눈속임이 뻔하지."
 "그 자리에서 수백 명이 두 눈으로 확실히 보았다는데?"
 "정신이 똑바른 사람이야 다 집에 있지 그 시간에 예배당에 갔을라고."

"보지 않고 어깃장만 놓을 일은 아니고 이번 기회에 확인을 하면 되겠네."

그 순간 주기철의 가슴은 이상하게 설레기 시작했다. 마치 오랫동안 기다리던 그 무엇을 확인할 기회가 온 것처럼.

문창 교회는 1만 6천 원이나 들여 새로 예배당을 짓고 김익두 목사를 특별히 초빙하여 집회를 연다고 했다.

사람들은 새로 지은 예배당보다 부흥 강사에게 더 관심을 두었다. 김익두 목사는 세상 모든 사람들이 호기심을 갖기에 충분한 그런 사람이었다.

김익두는 원래 뒷골목을 주름잡던 소문난 깡패였다고 했다. 그런데 우연히 한 선교사가 연 집회에 참석하고 그 자리에서 주님을 영접하게 되었다. 그는 지금까지의 잘못을 뉘우치고 새 사람이 되었다. 그 후 신학을 공부해서 목사가 되었는데 특별히 신유의 은사(병든 사람을 고칠 수 있도록 하느님이 주신 능력)를 받았다고 했다. 그래서 김익두 목사가 이끄는 부흥회에는 그의 기도를 받으려고 병자들이 모였고 그 중에는 기도로 병이 낫는 사람이 많았다. 그 까닭에 김익두 목사가 인도하는 부흥회에는 그 기적의 현장을 보려는 구경꾼까지 모여 늘 만원이었다.

"약신아, 우리도 부흥회에 가자."

"물론이지. 그런 유명한 목사님의 신유의 기적을 내 눈으로 확인해 볼 기회잖아."

두 사람은 누구보다 설레는 마음으로 그 집회를 기다렸다.

하지만 그것이 주기철의 일생을 결정하게 되리라고는 두 사람 다 상상도 못 했다.

산기슭에 자리잡은 문창 교회는 크고 웅장했다.

개인 방 같은 예배당에서 예배를 드리던 주기철은 무엇보다 으리으리한 건물에 압도당하는 기분이었다.

집회가 시작되자 사람들은 모두 불같이 뜨겁게 박수를 쳐가며 찬송가를 불렀다.

김익두 목사는 새벽 집회부터 밤 집회까지 지치지도 않고 예배를 인도했다. 사람들은 밤에도 흩어지지 않고 교회에 남아서 기도를 하며 철야를 했다.

시간이 가면서 병 고침을 받았다고 환성을 지르는 사람이 늘어났다. 또 울면서 회개하는 사람, 방언이 터졌다며 이상한 말로 떠드는 사람으로 교회 안은 떠들썩했다.

그런 기적들을 눈으로 보면서 주기철은 답답하기만 했다. 뭔가 있을 것 같은데 손에 잡히지 않아 마음이 안타깝다 못해 통분을 느낄 지경이었다.

물론 친구 이약신도 마찬가지였다.

두 사람은 마치 밀려난 구경꾼이 된 듯한 기분을 어쩔 수가 없었다.

'왜 우리는 은혜를 받지 못하는 걸까?'

'은혜를 받는 저 사람들과 다른 것이 무엇인가?'

그때 언뜻 머리에 떠오르는 생각이 있었다. 문제는 저들보다 많이 배웠다는 자만심이었다. 그 자아가 두터운 빗장이 되어 마음의 문을 열지 못하게 하고 있음을 깨닫게 된 것이다.

셋째 날 밤 집회에서였다.

그 날 밤 김익두 목사는 '성령을 받으라'라는 제목으로 목이 터질 만큼 큰 소리로 외쳤다.

"……장님이 눈을 뜨게 만드는 것은 내가 아니라 예수님이요, 앉은 뱅이가 일어서는 것도 예수님의 이름으로 성령님이 히시는 일입니다. 김익두는 없소. 난 마른 막대기만도 못한 사람이오……"

그 순간 주기철은 한순간에 그 두껍던 자아가 허물어짐을 느꼈다. 그는 그 자리에 고꾸라지며 대성 통곡을 하기 시작했다. 울고 울어도 눈물은 그치질 않았다. 그것은 이 세상의 눈물이 아니었다. 슬픔의 눈물도 아니고 부끄러움이나 죄스러움도 아닌 그 분 앞에서 흘리는 안도의 눈물이었다. 주기철은 다시 태어난 듯한 기쁨을 느낄 수 있었다. 그 날 밤 이약신은 물론 다른 친구들도 모두 성령 세례를 받았다.

주기철에게는 이제까지 목숨처럼 중하던 민족주의도 독립운동도 우선이 될 수 없다는 생각으로 바뀌었다. 가난하고 굶주린 이 백성을 구할 수 있으리라 생각되던 자본주의도 하느님의 뜻 안에서가 아니면 허사처럼 느껴졌다. 부모, 형제, 스승, 학교, 친구, 결혼, 자식 등 부족함 없이 가졌지만 늘 허전하게 느껴지던 마음이 이제야 채워짐을 느낄 수 있었다. 그는 새롭게 태어난 기쁨에 온몸이 떨려옴을 느꼈다.

문창 교회 부흥회가 끝난 뒤 주기철과 친구들은 김익두 목사를 웅천 교회로 모셔와 부흥회를 열었다.

주기철과 친구들은 그 자리에서 신학교에 가기로 결심하였다.

그러나 형제들이 그 사실을 알자 모두 반대하였다.

"신학교에 간다고? 아니 처자식을 둔 가장이 그게 가당하기나 한 생각이냐?"

"맞아. 목사가 되어도 입에 풀칠하고 살기가 어려운데 전도사 시절을 어찌 보내려고?"

"하고 많은 직업 중에 왜 하필 목사냐? 꽤 괜찮은 놈이라고 생각했는데 인물이 아깝다, 아까워."

처음에는 모두 주기철이 순간적으로 잘못 판단했으려니 하고 충고를 자청했었다. 그런데 의외로 굳은 결심을 확인하고는 무섭게 화를 냈다.

"야, 정신차려라. 이제 너도 새끼가 줄줄이 생길 텐데 무슨 수로 살겠다는 거야. 이제 부모님도 늙으셨는데 목사가 될 네 뒷바라지를 하서야겠어?"

큰형에게 큰 꾸지람을 들은 주기철은 머리를 빡빡 깎아 버렸다. 그것은 하느님께 약속한 길을 가기 위해서 스스로에게 결단을 다짐하는 행동이었다.

그러던 어느 날, 장모인 이옥분 집사가 주기철을 찾아왔다.

"아이고, 내 사위 장하네."

이옥분 집사는 방에 들어서자마자 주기철의 손목을 덥석 잡고 남자처럼 흔들어 댔다.

"장모님, 지금 무슨 말씀을 하시는지요?"

"하느님, 감사합니다. 이렇게 기도의 응답을 해 주시다니요."

이옥분 집사는 아직도 멍한 얼굴로 서 있는 딸과 사위에게 그제야

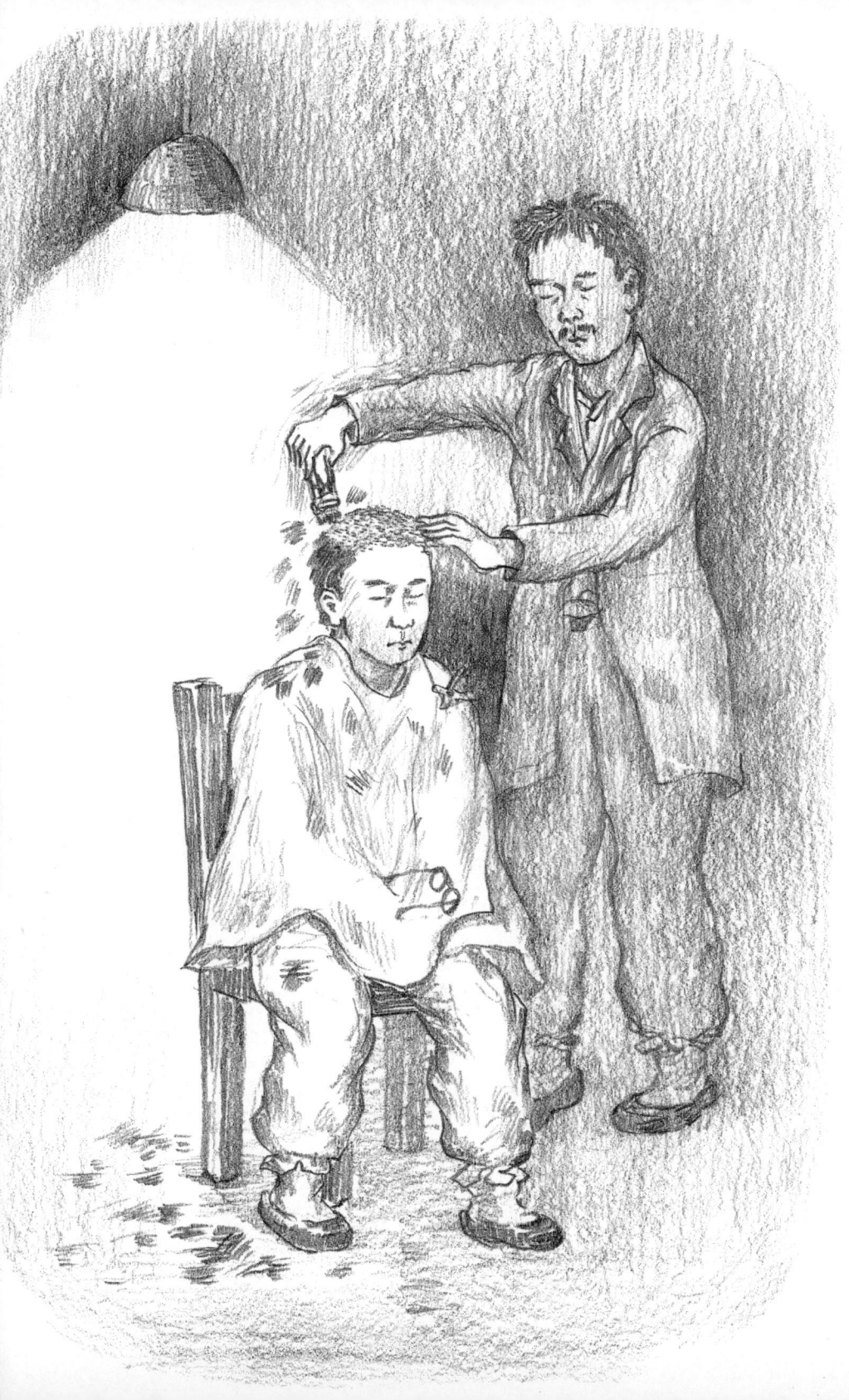

차분히 이야기를 털어놓았다.

딸만 둔 이옥분 집사는 벌써 오래 전부터 한 가지 소원을 이뤄 달라고 기도를 해 왔다. 그것은 자식들 중에서 누구 하나라도 주의 종이 되게 해달라는 내용이었다. 둘째 사위에게 기대를 걸고 일본으로 유학까지 보냈으나 측량 기사가 되어 돌아왔을 때 차마 서운한 마음을 내보일 수가 없었다고 했다.

"이제야 내 소원이 이뤄지게 생겼으니 자네에게 얼마나 고마운지 모르겠네."

이옥분 집사는 벌써 자신이 다니는 김해 교회에서 잔치까지 열고 왔다며 이렇게 덧붙였다.

"이제부터 자네는 학비나 집안 살림은 걱정하지 말게. 내가 다 알아서 할 테니까. 우리 주 목사님은 틀림없이 하느님이 기뻐하시는 주의 종이 되실 걸세."

"아이고, 어머님. 아직 신학교 입학도 안 했는데 너무 앞서가시잖아요."

딸이 옆에서 보기가 민망한 듯 말렸다.

"그런 소리 말아라. 주 목사는 하느님이 이미 작정한 특별한 주의 종이니 너도 잘 모셔야 한다."

이옥분 집사는 사위의 친구인 이약신도 신학을 하고 싶지만 형편이 안 되는 걸 알고 기꺼이 학비 지원을 약속했다.

주기철은 그런 장모님의 기대에 어긋나지 않는 목사가 되리라고 굳게 다짐하였다.

8. 목사 안수를 받다

그 무렵에는 신학교에 입학하려면 목사 후보생 시험에 합격해야 자격을 얻을 수 있었다. 말하자면 신학교 예비 시험이었다.

주기철은 목사가 되기로 결심한 1년 후에야 신학교 입학 추천서를 받을 수 있었다.

주기철이 입학하던 봄, 평양에 짓고 있던 신학교 건물이 아직 완공되지 않아 신입생들은 숭실 대학을 빌려 수업을 받았다.

평양 신학교는 여러 나라의 선교회에서 힘을 모아 운영하는 학교였다.

마포삼열 교장은 평양 교회를 개척한 선교사였다. 부교장에 배위량 선교사, 세계적인 신학자 라부열 박사 등 교수진은 기라성(실력자들이 늘어선 모양을 비유하는 말)이었다. 그들은 모두가 예수를 위하여 자신들의 삶을 아낌없이 던진 사람들이었다.

기숙사는 또 하나의 세계였다. 그곳은 숙식만 해결하는 집이 아니었다. 모두들 공부도 바빴지만 새벽 기도와 저녁 분방 예배는 강의보다 더 중하게 여겼다. 저녁 식탁에서 시작된 신학 강의에 대한 토론으로 밤을 꼬박 새울 때도 있었고 한 문제를 놓고 며칠씩 묵상하며 의견을 나누기도 했다.

신학교에 입학한 첫해 겨울에 둘째아들인 영만이가 태어났다.

아들은 받아 안은 주기철은 기쁨과 감사와 막연한 슬픔을 느끼며 소리나지 않게 말했다.

'아들아, 네가 비록 어미와 아비의 몸을 빌려 세상에 왔지만 너는 하느님의 아들이란다. 네가 살아가면서 하느님이 널 세상에 보내신 뜻을 깨닫는 사람이 되었으면 좋겠구나.'

평양 신학교 학생들은 누구나 주말이면 전국 각지로 달려가 목회자가 없는 교회에 가서 예배를 인도하였다.

주기철은 멀리 경상남도 양산에 가서 예배를 인도하기로 했다.

방학이지만 가족과 함께 보낼 수 없는 주기철은 아내에게 미안하기만 했다.

"양산 교회에 목사가 없어서 돕기로 했으니 이해해 주기 바라오."

"그럼 매주일 평양에서 내려오셔야 합니까?"

"그보다 더 먼 곳이라도 주님이 원하신다면 가야지요."

"하지만……."

주기철은 듣지 않아도 아내의 다음 이야기를 알고 있었다.

평양에서 양산은 1500여 리 길이었다. 차를 타고 가도 월요일까지 꼬박 걸릴 것이니 공부에 지장이 있을 게 뻔했다. 게다가 아내에게는 장모님이 대준다고 해도 빠듯한 학비에서 기차 삯도 부담스러웠다.

"걱정 마오. 밤 기차를 이용하면 수업에 지장이 없을 거요. 또 차비는 다른 것을 줄여서라도 마련할 테니 너무 걱정 마오."

주기철은 집안일과 혼자서 아이들을 키우느라 까칠해진 아내의 손을 잡으며 미안한 마음에 웃어 보였다.

주기철은 그렇게 한 학기를 보내면서 집에 내려갈 시간은커녕 머리를 손질할 시간도 아끼느라 아예 짧게 깎아 버렸다.

여름 방학이 되어서 잠깐 집에 들르자 가족들은 모두 걱정을 하였다.

"아범아, 매주 1500리 길을 오르내리다니 얼마나 고생이냐? 객지라 먹을 것도 시원찮을 거고. 이러다가 병이라도 나면 어쩔려고."

어머니는 아들의 손을 붙잡고 눈가를 훔쳤다.

"어머니, 걱정 마세요. 제겐 힘을 주시는 분이 계시잖아요. 이것 보세요. 어머니의 아들이 이렇게 건강하잖아요."

"아암, 그래서야지. 주님이 함께 동행하면 두려울 것이 없지."

어머니는 그런 아들이 대견한 듯 오래오래 그윽한 눈길을 거두지 않았다.

일본 도쿄를 중심으로 간토 일대에 엄청난 지진이 일어났다.
"하느님이 벌을 내리신 거야."
"일본이 지은 죄의 대가로 하늘이 심판을 내리신 거야."
사람들은 이번 참사를 통해 일본이 달라지길 바라는 눈치였다.
그러나 일본은 천지가 뒤집힐 사고를 수습하면서 제일 큰 걱정이 흉흉해진 민심을 다독이는 일이었다. 그들은 이 엄청난 사고를 책임질 누군가를 찾다가 한 꾀를 생각해 냈다. 그 화풀이 대상으로 애매한 조선 사람을 끌어들인 것이다. 그렇게 꾸며낸 소문은 삽시간에 온 일본을 흥분의 도가니에 빠트렸다.
"이 재앙은 모두 조센징(조선 사람을 천하게 부르는 말) 때문에 일어난 것이다."

"조선 사람들이 무너지지 않은 집에는 불을 지르고 모두 도둑질해 갔다."

"우물마다 독을 풀어 일본 사람들을 모두 죽이려고 한다."

헛소문에 분노한 일본 사람들은 눈에 핏발을 세우고 우리 나라 사람들을 닥치는 대로 죽였다. 그들은 말을 시켜 보고 발음이 분명치 않은 조선 사람을 골라 내서 칼로 찔러 죽이고, 칼이 없으면 죽창으로 찔러 죽이고, 심지어는 몽둥이로 때려 죽이기까지 했다.

그들은 하느님의 벌 앞에서 잘못을 뉘우치기는커녕 우리 나라 사람들에게 가장 악독한 방법으로 분풀이를 했다.

'아, 이게 웬 재앙입니까? 주님, 왜 죄 없는 사람들이 그런 고통을 당해야 합니까, 왜 하필 우리 민족에게 이런 시련을 주십니까?'

주기철은 밤마다 나라와 민족을 위해 울면서 기도하고 하느님의 뜻을 찾고자 매달렸다.

드디어 일본의 악마적 정체가 이 땅에 모습을 드러내기 시작했다.

전국 각지에 일본 조상을 섬기는 신사를 짓기 시작한 것이다.

우리 나라의 수도 중심부에 있는 남산 중턱을 깎아 일본의 체면을 세우는 가장 중요한 사당인 신궁을 지었다.

또 총독부에서는 치안 유지법을 만들었다.

"이제부터 일본 순사가 치안을 맡는단다."

"왜 조선 사람을 일본 순사가 지켜 준다는 거야."

"총독부가 내세우는 법을 어기는 사람은 벌을 주겠다는 거지."

치안법은 한국 통치의 검찰권을 뜻하는 것이었다. 일본의 뜻을 어기는 사람은 무조건 잡아 가두거나 생존권을 잘라 버린다는 뜻이었다.

졸업반이 되던 해에 셋째아들인 영묵이가 태어났다. 그러나 영묵이를 처음 안은 주기철은 기쁨 못지않게 걱정이 되었다.

'이 험한 세상에서 어떻게 키울 것인가? 이 민족을 구원하는 길인 신앙을 이 어린 영혼 속에 올바르게 심어줄 수 있을 것인가?'

주기철은 이 세상의 아버지들처럼 아이들을 키울 자신이 없었다. 또 아내를 호강시켜 줄 수도 없었다. 그런데도 새로운 생명의 탄생은 커다란 기쁨이었다.

졸업을 앞둔 어느 날, 이승훈 선생이 학교로 주기철을 찾아왔다.

"선생님, 필요하시면 절 부르시지 않고요."

주기철은 60을 넘긴 선생님이 직접 자신을 찾아온 게 송구스러워 큰절을 올렸다.

"자네에게 부탁이 있는데 거절하지 말고 꼭 들어줘야겠네."

선생님은 그렇게 운을 떼고는 한참이나 더 주기철을 그윽한 눈으로 바라만 보셨다.

"무슨 말씀이신지요?"

"자네도 알다시피 우리 조선이 독립하는 길은 오직 교육에 달려 있네. 그러자면 지식만을 전수할 선생이 아니라 사람답게 사는 도리를 몸으로 전해줄 스승이 필요하지. 우리 학교 이사회에서는 자네가 적격이라고 결정했네. 이제 신학 과정도 마쳤으니 도쿄에 가서

고등 사범학교를 거쳐 온 뒤에 우리 오산학교를 맡아 주게."

순간 주기철은 콧날이 시큰해지며 솟구치는 눈물을 억지로 참았다.

이승훈 선생의 제안은 앞날에 대한 보장이었다. 오산학교 교장이 되어서 아이들을 가르치다 유학 길에 올라 공부를 좀더 한 다음에 대학 강단에 선다는 것은 얼마나 근사한 청사진인가? 그 조건은 너무 큰 유혹이었다.

"선생님."

주기철의 목소리는 가느다랗게 떨려 나왔다.

"그래, 자네 생각을 말해 보게나."

"선생님…… 죄송합니다. 저에게는 이미 정해진 목사의 길이 있지 않습니까. 이제 와서 방향을 바꿀 수는 없습니다. 용서해 주십시오, 선생님."

남강 이승훈 선생은 내내 천장을 바라보고 있다가 한참 만에야 나직한 목소리로 입을 열었다.

"내 욕심이 지나쳤네. 자네는 이제 우리 모두의 목자(성직자를 가리키는 말)가 되어야 하지. 일본이 하는 짓을 보면 머지않아 이 땅의 교회에도 엄청난 시련이 닥칠 것 같네. 그때를 당해 신앙을 지켜 줄 목사, 영혼을 도둑맞지 않게 지켜 줄 목사가 더 필요하지."

남강 선생은 주기철의 앞날이 평탄치 않으리라는 예감을 한 것이었을까.

그러나 주기철은 어떤 어려움이 있어도 신앙을 지켜야 한다는 선생의 당부 말씀을 마음에 새기며 듣고 있었다.

1925년 12월 22일, 주기철은 평양 신학교를 졸업했다.

졸업에 이어 목사 안수를 받는 날, 주기철은 이제까지와 다른 새로운 삶이 시작됨을 느꼈다. 그것은 주님의 종으로의 첫발을 내딛는 걸음이었다. 그때 그의 나이 서른 살이었다.

9. 초량 교회 부임과 시련

　주기철이 평양 신학교를 졸업한 1925년은 우리 나라 사회가 커다란 변화를 겪고 있던 때였다. 사회주의자들이 기독교에 대해 정면 공격을 시작한 것이다.
　그 해 10월에 서울에서 전국 주일 학교 대회가 열렸는데 한양 청년 동맹이란 공산주의 단체가 이 대회를 반대하는 대대적인 반 종교 대회를 열어 방해했다. 김익두 목사가 이들에게 고등 무당으로 몰리고 이리 부흥회 도중 폭행을 당해 강단에서 끌어 내려지는 수모를 겪기도 했다.
　또 《동아일보》나 《조선일보》에 선교사 비행을 폭로하고 지탄하는 글이 연일 연재되어 그들의 헌신적인 업적을 무산시켰다.
　그 해 10월 15일에는 서울 남산에 5년 6개월 걸린 대공사 끝에 조선 신궁이 세워져 우리 역사의 가장 치욕적인 사건이 진행된 해로 기억에 남게 되었다.
　1926년 1월 22일, 주기철은 초량 교회에 부임하였다.
　초량 교회는 장덕생 목사가 독립운동을 추진하다가 중강진 경찰서에 끌려가서 유치장에 다녀온 뒤 사임한 곳이었다.

주기철이 초량 교회에 부임해서 먼저 한 일은 독립운동의 정치적 요소들을 없애고 교회로서의 원래 모습을 찾는 것이었다.

교회는 주기철이 온 후 빠르게 변해 갔다. 우선 100여 명이 모이던 교인 수가 300명으로 늘어났다. 주기철이 강대 상에서 하는 설교는 위엄과 권위가 있었다.

그런 주기철의 설교에 매료되는 사람이 늘어 갔다.

주기철은 집 한 칸을 세들어 살았는데 그 목사관에는 사람들의 발길이 끊이지 않았다. 연락선에서 내려 서울로 가는 사람, 연락선을 타고 일본으로 갈 사람이 수시로 들르는 집이었다.

이렇게 군식구가 떠나지 않는 목사관의 모자라는 식량 보충은 늘 사모인 안갑수가 맡아야 했다. 그녀는 친정을 드나들며 식량은 물론 그녀 몫으로 친정에서 받은 재산인 논 600여 평을 팔아서 모자라는 교회 살림을 충당하였다.

주기철의 일생에 커다란 영향을 끼친 오정모를 처음 만난 것도 그곳에서였다.

오정모는 일본에 가려고 부산에 왔다가 갑자기 몸이 아파 일본행을 포기했다. 그녀는 초량 교회에 들렀다가 주기철의 설교에 은혜를 받아 목사와 신자로 만나게 된 것이다. 그 후 마산 의신 학교에서 아이들을 가르치면서 주일이면 초량 교회에 출석해서 주기철 내외와 가깝게 지내게 되었다.

주기철에게 넷째아들인 영해가 태어나 기쁨을 더해 가는가 싶더니 곧 슬픔이 기다리고 있었다. 그것은 셋째아들 영묵의 죽음이었다. 한창 재롱을 부릴 세살배기 영묵이의 병명은 돌림병인 홍역이었다. 다른 아이들은 순하게 치러내서 별일이 없으려니 했는데 변을 당하게 된 것이다.

그러나 목사의 가족들은 마음 놓고 울 수도 없었다.

"자식을 잃은 것도 흉이오. 은혜가 안 될 일이니 조심하도록 하오."

주기철의 그런 당부가 아니었어도 아내인 안갑수는 그 사실을 너무나 잘 알고 있었다.

'아, 가엾은 내 아들 영묵이, 어미 잘못 만나서 죽었구나.'

그녀는 낮에는 목 울음을 삼키다가 깊은 밤 혼자가 되면 소리내지 않고 속으로 피눈물을 흘렸다. 눈에 넣어도 아프지 않을 아들을 마음껏 먹이지 못하고 입히지 못한 것이 마음에 상처로 남아 연신 눈물을 흘려 댔다.

주기철은 아들을 묻고 온 날 밤, 아예 자리에 눕지 않았다. 자정이 넘을 때까지 장승처럼 앉아 있더니 벌떡 일어나 밖으로 나가 그 길로 구봉산으로 올라갔다.

"아, 하느님, 그 아들을 거두어 가심은 무슨 뜻이나이까?"

그는 풀잎에 묻힌 무릎에 풀물이 들도록 엎드려 일어날 줄을 몰랐다. 동이 텄을 때 그의 등은 이슬에 흠뻑 젖어 있었다. 그 날 이후 주기철은 틈만 나면 구봉산에 올랐다. 제법 높은 구봉산 꼭대기엔 깊은 굴

이 있어서 기도하기에 적합한 곳이었다. 늙으신 어머니 앞에서, 또 아내 앞에서 눈물을 보일 수 없던 주기철은, 그 구봉산에서는 목사라는 허울을 벗고 아들을 잃은 슬픈 아버지로 돌아갈 수 있었다.

여름 방학이 끝나 갈 무렵 오정모가 목사관에 들렀다.

장독 근처엔 맨드라미가 붉게 피어 있었고 봉선화가 누렇게 바랜 잎에 조롱조롱 씨앗을 매달고 있었다. 매미가 목놓아 우는 저녁 나절에 주기철은 건넌방 마루 끝에 앉아 있었다.

"학교에서 아이들 가르치는 일은 힘들지 않습니까?"

"전 아이들과 같이 생활하는 것이 참 좋습니다. 전 어려서 제가 유관순 같은 순교자가 되고 싶었거든요. 지금은 제가 가르치는 아이들 중에 잔 다르크나 유관순 같은 애국자가 나오게 해달라고 늘 기도하지요. 전 이 한 목숨을 드려서 하늘의 뜻이 이루어진다면 언제든지 기꺼이 드릴 수 있을 것 같습니다."

오정모의 말을 진지하게 듣고 있던 주기철이 문득 고개를 들어 먼 산을 바라보았다. 안질이 뜸할 때의 그의 눈은 맑고 고요하기가 호수 같았다.

"우리는 대부분 신앙이 뜨거울 때는 큰일에 쓰여지길 원하지요. 그러나 세상에서 말하는 큰일과 하늘 나라의 큰일은 다를지도 모릅니다. 어떤 일이든 하느님께서 작정하신 일이면 그 시간에 그 자리에서 부르심에 순종하는 것이 우리의 임무라고 생각합니다."

오정모는 주기철의 깊은 뜻에 저절로 고개가 수그러졌.

"목사님께서 경남 노회에서 부회장으로 피선 되셨다면서요?"

"처음엔 좀 괴로웠습니다. 그런데 며칠 전 그 뜻을 알았습니다."

주기철은 좀 뜸을 들이는 듯 잠시 후에 입을 열었다.

"총독부와 함께 남산에 조선 신궁이 올라 앉았습니다. 일본은 이 땅의 사람들을 그 앞에 무릎 꿇릴 작전을 시작한 것이지요. 영적 전쟁이 시작되었습니다. 노회(목사와 장로들의 모임)에서 일어나야 합니다. 그리고 각 교회가 이 문제에 눈을 뜨고 영적 대비를 하도록 해야지요."

"목사님, 이제 정면으로 싸워야 할 때입니다. 저도 그 싸움에 앞장 서겠습니다. 무슨 일이든 감당하겠습니다."

주기철이 빙그레 웃었다. 마치 철부지 동생을 바라보는 듯한 얼굴로 조용히 입을 열었다.

"오 선생은 정말 다른 여자들과 달라요. 우선 우리가 한마음으로 기도합시다. 나는 노회에 나가서 신사 참배 반대를 정식으로 결의할 작정입니다. 기도해 주세요. 주님께서 오 선생님께 유관순보다 더 큰 일을 맡기실지 알 수 없는 일이지요."

그 날 집으로 돌아오는 오정모의 귓가에는 주기철의 목소리가 따라오고 있었다.

"오 선생, 우리가 가야 할 길은 멀고 험합니다. 오 선생과 내가 언제 어디서 어떻게 만나서 무슨 일을 하게 될지 알 수 없지만 우리가 뜻과 힘을 합쳐서 주님의 일을 감당합시다."

주기철의 집에 딸이 태어났다. 막내딸 영덕이는 영묵이를 가슴에 묻은 두 내외에게 위로의 딸이었고 모든 교인들에게까지 기쁨이었다.

오정모가 찾아갔을 때 산모는 푸석한 얼굴로 아기 기저귀를 갈고 있었다.

"딸이라 그런지 아주 예민해요. 기저귀가 조금만 젖어도 어찌나 사납게 우는지 민망하다니까요. 그러다 기분이 좋으면 또 나긋나긋하기가 사내 아기하고는 사뭇 달라요."

산모는 아기에게 젖을 물리면서 아주 행복한 얼굴이었다. 목사의 아내로 평생을 마음놓고 낮잠 한 번 잘 수 없는 고달픈 자리를 불평 한마디 없이 행복해하는 모습이 가여워 보였다.

"우리 영덕이가 커서 시집을 갈 때쯤이면 이 나라도 태평 세월이 되겠지요. 어쨌든 영덕이는 목사의 아내가 되지 않았으면 좋겠어요."

어느새 잠든 영덕이를 강보에 뉘이며 산모는 혼잣말처럼 탄식했다.

1929년 10월 24일은 '암흑의 목요일'로 불리는 세계 경제의 대공황이 덮친 날이었다.

미국을 뒤덮은 공황은 삽시간에 전 세계를 휩쓸었다. 남한은 태풍과 한발로, 북한은 혹한으로 이 땅에도 기근이 이어졌다.

주기철은 이런 재난 속에 어떻게 다 받느냐면서 교회에서 받는 사례비의 일부를 교회에 반납했다.

주기철의 제의로 경남 노회가 신사 참배 반대를 결의한 뒤로 경남 일대의 교회는 뜻을 같이하기로 단단히 약속했다.

"신사 참배는 십계명 중 1, 2계명을 어기고 우상을 섬기는 짓이다. 그리스도인들은 십계명을 어기고 살 수 없다."

교회마다 그 일로 어떤 어려움이 와도 굽히지 않기로 단단히 각오를 하고 있었다.

봄이 무르익는 어느 날, 오정모는 부산에서 온 신자로부터 뜻밖의 소식을 들었다.

"주 목사님의 딸 영덕이가 잘못되었어요."

"잘못되다니?"

"저 세상으로 갔어요."

오정모는 문득 딸을 안고 기뻐하던 주 목사와 사모의 얼굴이 겹쳐서 떠올랐다.

'셋째아들 영묵이를 잃은 지 3년이 안 되어 다시 딸을 잃다니……'

오정모는 주말에 수업을 마치는 대로 초량으로 달려갔다.

딸을 묻고 온 부인은 기진한 듯 누워 있었다.

오정모는 할 말을 잊고 부인의 손을 잡았다.

"산다는 게 무엇인지 정신을 차릴 수가 없네요. 정신없이 낳고 또 잃고……가엾은 우리 영덕이, 그렇게 갈 일이면 태어나지나 말지."

부인은 하염없이 눈물을 흘렸다.

오정모도 그런 부인의 손을 잡고 눈물만 흘렸다.

마산 문창 교회에서 보낸 청빙(부탁하여 부름) 위원이 초량 교회를 찾아온 것은 주기철 내외가 영덕이를 잃은 몇 주 후였다.

문창 교회의 간곡한 뜻을 듣고 난 주기철은 조용히 이렇게 말했다.

"하느님의 뜻이라면 거역할 수 없지요. 기도하겠습니다. 문창 교회도 더 기도할 시간이 필요할 것이고 저도 기도할 시간을 주셔야겠습니다."

주기철은 그 길로 구봉산으로 올라갔다. 늘 기도하던 굴 속에 엎드리자 신자 한 사람 한 사람의 얼굴이 떠올랐다. 주기철의 기도는 다음 날이 밝도록 계속되었다. 하느님의 뜻을 알게 해달라는 귀 기울임의 기도였다.

경남노회 신사 참배 반대

그로부터 며칠 후, 주기철은 초량 교회에 사임의 뜻을 밝혔다.

온 교인들이 눈물을 흘리며 끈질기게 말렸지만 주기철은 한 번 정한 뜻을 바꾸지 않았다.

1931년 6월 28일, 주기철은 초량 교회를 사임했다. 초량 교회에 부임한 지 5년 만의 일이었다.

10. 아내 안갑수의 죽음

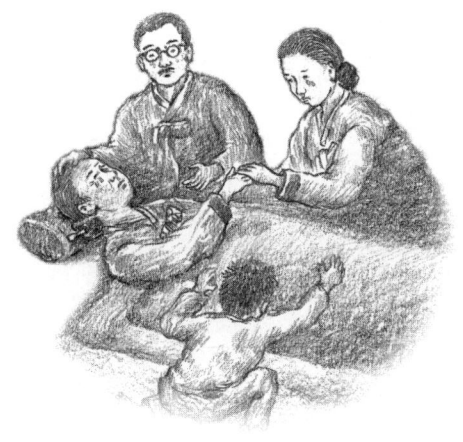

　마산 문창 교회는 실의와 좌절의 늪을 헤매던 청년 주기철을 불러 은혜를 체험하게 해 준 뜻 깊은 곳이었다. 11년 후 주기철은 그 문창 교회의 목회자로 부름을 받은 것이다.
　그 무렵 문창 교회는 전임 목사의 실덕으로 교인들의 마음이 여러 갈래로 나뉘어 있었다.
　주기철이 무엇보다 먼저 시작한 일은 하느님의 종인 목사의 위신을 세우는 일과 세상과 타협하려는 교회의 훼손된 신앙의 순수성을 되찾는 일이었다.
　교회 근처에 허름한 집을 전세 내어 목사 사택을 마련했다. 이 사택은 방이 세 개인데, 두 개는 아이들 방과 노모의 방으로 마련하고 나머지 하나는 주기철이 혼자 쓸 수 있는 서재로 꾸몄다.
　처음으로 서재를 갖게 된 주기철은 어린아이처럼 기뻤다. 전에 살던 목사관은 늘 사람들이 드나들어 깊은 밤이 아니면 조용히 성경을 읽기도 힘들었다.
　아직도 딸을 잃은 슬픔에서 헤어나지 못하던 아내도 억지로 기운을 내서 새로운 환경에 적응하려고 애썼다. 그보다 더 중요한 것은 주기철의 일생에서 큰 역할을 하게 될 오정모가 문창 교회의 집사로 있다는 사실이었다.

오정모는 마산에 호주 선교부가 운영하는 의신 학교에서 아이들을 가르치는 선생이었다.

전에 초량 교회에서 주기철의 설교에 감동한 오정모는 주기철이 문창 교회에 오게 된 것을 무척 반기는 사람 중의 하나였다.

오정모는 주기철의 집에 드나들며 사모인 안갑수와도 친자매처럼 가깝게 지냈다.

딸을 잃고 슬픈 마음을 안으로 삼킨 채 사는 안갑수에게 오정모는 흉허물을 털어놓을 수 있는 단 한 사람이었다. 그 무렵 안갑수는 남모르게 힘든 날을 보내고 있었다.

학교가 일찍 끝난 날 오정모가 사택에 들르니 안갑수는 누워 있었다.

"사모님 어디 편찮으세요?"

"편찮기는요, 다 아는 병인 걸요."

안갑수는 배를 가리키며 어색하게 웃었다.

"그럼 입덧을 하시네요?"

"왜 그런지 이번에는 부끄러운 생각이 드네요."

"부끄럽다니요, 영덕이를 잃은 슬픔을 위로해 드릴 새 아기일 거예요."

한눈에 봐도 안갑수는 혈색이 안 좋아 보였다.

오정모는 자주 사택에 드나들며 몸이 약한 안갑수 대신 아이들 시중이나 청소와 부엌 일을 도왔다.

"사모님, 입맛이 없어도 뱃속의 아기를 위해 억지로라도 드셔야 해요."

"오 선생, 나를 사모님이라 부르지 말고 형님이라 하면 안 되겠소? 난 아우가 없이 자랐는데 오 선생을 보면 내 아우 같이 느껴져요."

"아우 같이 느껴진다면서 여전히 오 선생이라고 부르시네요."

"내가 그랬나?"

두 사람은 마주보며 웃었다.

문창 교회는 소리 없이 변해 갔다. 주기철이 부임한 지 한 달 만에 새벽 기도회가 시작되었다.

"하루 중에 가장 정결한 시간을 주님께 드리시오. 때가 급합니다. 말세가 언제인지 우리는 알 수 없습니다. 기도로 종말을 준비하지 않으면 우리의 영혼이 언제 수렁으로 떨어질지 모릅니다."

주기철이 부임한 지 석 달쯤 되었을 때 교회 학교 부속 건물을 짓기로 했다.

"주일 학교 교육에 우리 어린이들의 미래를 걸어야 합니다. 어려서부터 신앙으로 가르쳐야 합니다. 주일 학교에서는 청년부, 장년부, 부인반까지 늘려 고루 성경을 가르쳐야 합니다."

주기철의 부탁으로 장년부는 오정모가 맡아서 가르쳤다.

교회 학교는 날로 번창해 갔다.

다음해 3월, 넷째아들이 태어났다.

'아들아, 너는 빛나는 조선의 아침 해처럼 밝아질 조선의 아들로 크거라.'

주기철은 하느님을 향한 사랑과 나라 사랑, 그리고 겨레에 대한 사랑을 뭉친 뜻을 모아 이름을 광조라고 지었다. 다른 아들과는 달리 항렬을 따르지 않은 이름이었다.

일본은 우리 땅에다 조선 미곡 창고 주식 회사를 설립했다. 이봉창 의사가 히로히토 일본 천황에게 폭탄을 던졌으나 실패했고, 윤봉길 의사가 상하이에서 열린 일본 천황 생일 경축장에 폭탄을 던진 것도 같은 해였다.

오정모가 보기에 주기철은, 집안에서는 아이들을 사랑하는 자상한 아버지였다. 그러나 교회에서는 이스라엘을 애굽(이집트)에서 구출한 모세와 같은 목사였다. 기도할 때는 다윗과 같았다.

주기철은 마산에 온 후에도 틈만 나면 무학산에 올랐다. 산세는 높고 가팔랐지만 정상에는 평평하고 너른 바위가 자리잡고 있었다. 주기철은 그곳에 엎드리면 평안함을 느꼈다.

'주님, 이 나라를 어찌하시렵니까? 이 험한 세상에서 교회가 가야 할 길을 인도하옵소서. 세상과 타협하지 않고 세상을 밝히는 빛과 부패를 막는 소금이 되게 하옵소서……'

그는 한 번 엎드리면 온몸이 땀에 젖도록 처절하게 매달렸다. 천사와 씨름했다는 야곱처럼.

해가 바뀌어 1933년이었다. 전 세계를 휩쓸고 있는 경제 위기는 일본의 군국주의를 부추겼다. 일본은 북벌을 꿈꾸면서 조선 땅을 군수기지로 만들려 장흥에 제련소를, 장진강에 수력 발전소를 세웠다.

어느 봄날, 사모 안갑수가 오정모가 있는 학교로 사람을 보냈다.

"퇴근길에 들르시래요."

오정모가 갔을 때 사모는 눈이 퉁퉁 부어서 울고 있었다.

"언니가 돌아갔소. 이제 겨우 마흔넷인데. 작년에 형부가 돌아가시고 살 기운을 잃었나 보오. 어머님이 계시지만 혼자 아이들을 돌보려면 힘드실 것 같아서요. 아우님이 우리 집 좀 살펴주면 해서요."

"형님, 집안일은 걱정 마시고 다녀오세요. 너무 슬퍼하지 마시고 기도하면서 위로 받으세요."

안갑수는 서둘러 떠날 채비를 하며 아기 기저귀 가방부터 챙겼다.

"형님, 광조도 두고 가세요. 낮에는 할머니가 보시면 되고 밤에는 제가 데리고 있을 게요."

"순하다지만 그러다 울어 대면 그 고생을 어떡하려고요."

오정모는 엄마 등에서 자는 광조를 빼앗다시피 제가 업었다.

잠시 후 교회에서 돌아온 주기철과 집을 나서면서도 안갑수는 연신 눈물을 흘렸다.

주기철 내외가 하관 예배까지 마치고 마산으로 돌아온 때는 긴 봄날도 기울 무렵이었다.

주기철은 자신도 지쳤지만 사흘을 꼬박 슬퍼하며 잘 먹지도 못하고 잠도 부족해 뵈는 아내가 편히 쉴 만한 곳이 어딘지 생각했다.

"여보, 우리 이순필 장로님 댁에 들러 몸이라도 씻고 갑시다."

학산 병원 원장이며 문창 교회 장로인 이순필의 집에는 제대로 된 목욕탕이 있었다.

"목사님이나 들렀다 오세요. 전 아이들도 궁금하고……또 남의 목욕탕을 빌려 쓰기도 미안해요."

"집에는 오 선생도 있고 어머니도 계신데 무슨 걱정이오. 실은 당신이 너무 지친 것 같아 가려는 것이오."

아내는 마지못해 끌려갔지만 이순필 장로 집에서는 대환영이었다.

"오늘쯤 돌아오실 것 같아 저녁 대접을 하려고 준비하고 있었지요."

장로 내외는 그들을 더할 나위 없이 반겼다.

두 사람이 목욕을 마친 후 저녁상을 받았을 때였다.

이 장로가 안갑수의 얼굴을 바라보며 물었다.

"사모님 그 인중(코 밑과 윗입술 사이의 우묵하게 파인 곳)에 종기가 아주 무섭게 성이 나 있군요. 언제부터 그랬습니까?"

"모르겠어요. 아침까지만 해도 아픈 줄 몰랐는데 오면서 얼마나 아픈지 괴로웠어요."

"식사 후 고름을 짜고 약을 발라야겠어요. 그렇잖으면 오늘밤 잠을 못 주무시겠는 걸요."

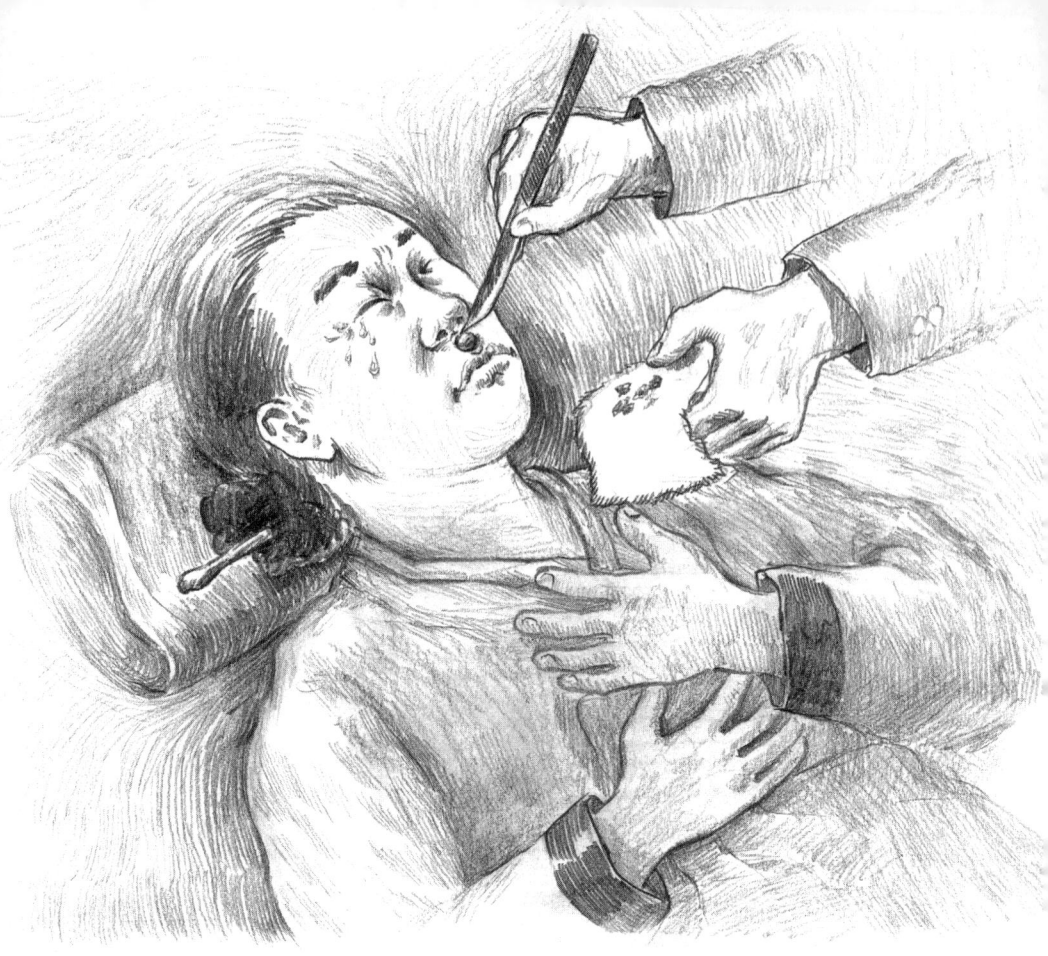

주기철도 별 생각 없이 이 장로의 제의를 받아들였다.

이 장로는 수술 칼로 간단하게 종기를 도려냈다.

하지만 안갑수는 정신이 아찔할 만큼 아팠다. 그러나 내색을 하면 남편이나 이 장로가 미안해할까 봐 신음 소리도 낼 수가 없었다.

집에 돌아온 안갑수는 그 자리에 쓰러졌다.

"형님 많이 편찮으세요?"

"아우님 수고했어요. 어서 돌아가서 쉬도록 해요. 그 동안 마음이 쓰여 좀 피곤했나 봐요."

그런데 반창고 붙인 인중이 벌겋게 성이 나 무섭게 부어 있었다.

'목 뒤와 인중은 급소라던데 왜 칼을 댔을까?'

오정모는 차마 그렇게 말하지 못하고 마른침만 꿀꺽 삼켰다.

눈치를 챈 듯 안갑수가 억지로 웃어 보였다.

"아우님 걱정 말아요. 의사 선생님이 수술했으니 곧 괜찮을 거야."

집으로 돌아오면서 오정모가 속으로 기도를 했다.

"주님, 저 여종의 상처를 치유해 주옵소서."

그러나 다음날 오정모가 퇴근길에 들렀을 때는 심상치가 않았다. 안갑수는 아무도 없는 자리에서 오정모의 손을 잡고 이렇게 하소연했다.

"아우님, 목사님이나 이 장로가 무안해할까 봐 말을 할 수 없지만 나 너무 아파. 얼굴만 아픈 게 아니라 온몸이 다 아파. 어쩜 얼굴에 난 종기 하나가 이렇게까지 아플 수가 있을까?'

안갑수의 눈에서 눈물이 줄줄 흘러내렸다.

그때 마침 그녀의 친정어머니가 들어섰다.

"네가 이렇게 아파서 그랬구나. 네 얼굴이 자꾸 눈에 밟히고 또 죽은 네 언니 생각도 나서 며칠 있다 가려고 왔는데, 오길 잘했구나."

오정모는 사모의 친정어머니가 오니 좀 마음이 놓이는 것 같았다. 그리고 장모가 찾아온 사실을 주 목사에게 알려야 할 것 같아 교회에 들렀다.

주기철은 불이 꺼진 텅빈 교회당 강대상 단상 위에 엎드려 기도하고 있었다.

오정모가 막 돌아서려는데 주기철이 나왔다.

"오 집사님 오셨습니까?"

"목사님, 사모님 상처가 아무래도 심상치 않습니다. 고통이 너무 심해요. 의사를 부르시지요."

"제 잘못입니다. 그냥 집으로 왔어야 했는데……. 먼저 가 계십시오. 제가 이 장로님을 모시고 가지요."

주기철도 몹시 놀란 듯 허둥댔다.

그날 밤, 밤이 깊을수록 사모의 병세는 악화되어 갔다. 이 장로가 주사를 놓고 찬물 찜질을 했지만 전신이 불덩이처럼 달아올랐다. 안갑수는 잠깐씩 혼절하기를 계속했다.

날이 밝자 교인들이 동원되어 용하다는 의원을 불러 댔지만 소용이 없었다. 점심 때쯤 되어 안갑수가 잠깐 눈을 떴다. 그리고 곁에 있는 오정모를 보더니 눈물을 흘렸다.

"아우님, 우리 목사님을…… 목사님을 어떡하지? 나 없이 목사님을 어떻게 하지?"

"형님, 왜 그렇게 약한 소리를 하세요. 형님답지 않아요. 어서 털고 일어나셔야죠."

"아우님, 내가 알아. 목사님을 도와드려요. 우리 목사님을 꼭 도와드려요. 부탁이에요."

해가 기울어 아이들이 학교에서 돌아오자 안갑수는 아이들의 손을 하나씩 잡아 보았다. 열다섯 살짜리 장남 영진이 손을 잡아 보고 열두 살 된 영만이 손등도 쓸어 보고 학교에 갓 입학한 영해 얼굴도 만져 보았다. 그리고 할머니 등에 업혀 있는 광조를 내리라 해서 등을 어루만져 보았다.

"목사님 이제 저는 틀렸어요. 나 없이 당신을 누구에게 부탁해야 하지요?"

안갑수는 다시 혼절했다. 그리고 한 시간 후 간신히 눈을 뜨더니 마른 입술을 움직였다.

"아우님……."

"여기 있어요, 형님……."

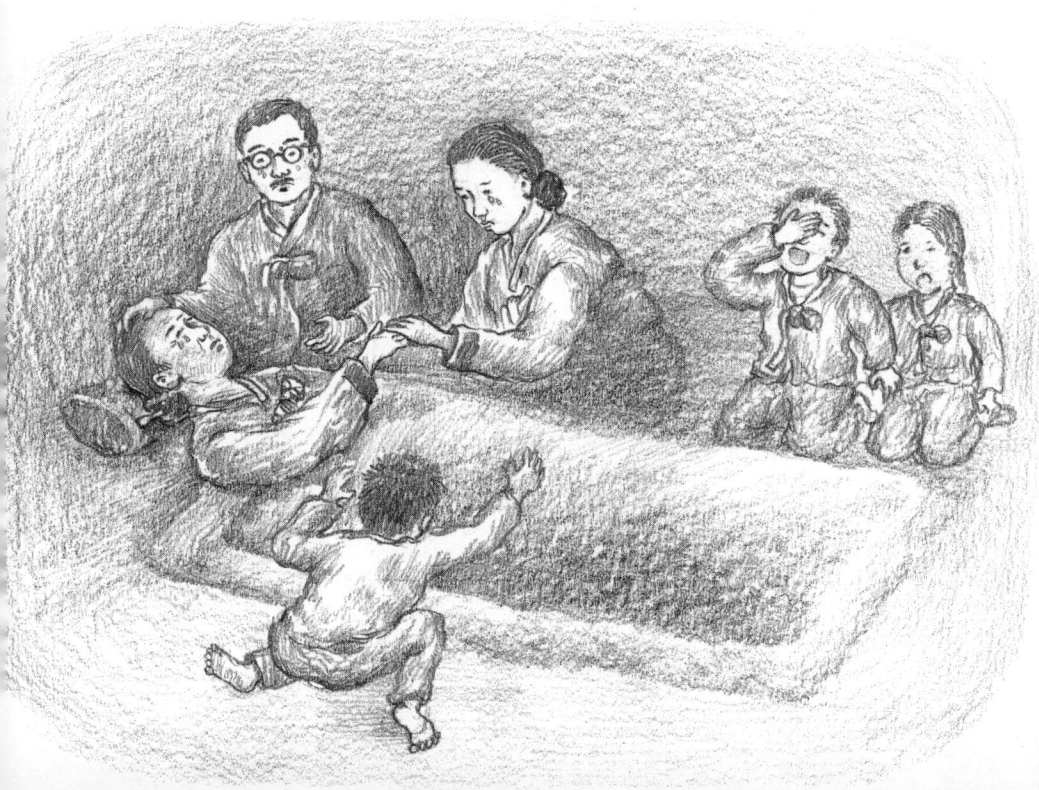

안갑수는 떨리는 손으로 오정모의 손을 더듬어 잡았다.

"아우님, 염치없지만 부탁해요. 어머님, 아이들도……목사님, 죄송해요. 여보 미안해요."

숨막히는 순간이었다. 아무도 그것이 유언이라고 생각지는 않았다. 모두가 숨을 죽였다. 그러나 그것이 사모 안갑수의 마지막 사랑 고백이었고 유언이었다.

주기철은 아내의 머리맡에서 꼼짝도 않고 엎드려 있었다. 그 영혼과 육체를 다 던져 슬퍼하는 모습은 보는 사람을 더욱 안타깝게 했다.

1933년 5월 19일, 안갑수는 한없이 사랑하던 남편과 네 아이들과 어머니를 두고 영영 떠나갔다.

영결 예배를 드리러 집을 떠나는 관을 바라보는 주기철의 얼굴에는 눈물이 냇물처럼 흘렀다.

일곱 살짜리 영해에게 입힌 상복은 보는 사람의 가슴을 찢어지게 만들었다.

오정모가 집에 들르자 어머니가 광조를 업고 혼자 넋두리를 하고 있었다.

"아이고, 매정한 사람, 어찌 눈을 감았을까. 독한 사람, 저 어린것이 어미 없이 어찌 살라고……."

그 모습을 보는 오정모의 가슴은 답답하기만 했다.

'어떻게 하나? 형님은 내가 어찌하라고 그런 부탁을 하셨을까?'

11. 동역자 오정모

1934년 3월 어느 날 저녁, 교회 여 집사 두 사람이 오정모의 집을 찾아왔다. 그들은 한참이나 눈치를 살피다 어렵게 입을 열었다.

"아시다시피 우리 목사님께서도 이제 속현(아내를 잃은 뒤 다시 장가를 가는 일)을 하셔야지요. 안주인이 없으니 집안일에다 아이들까지 신경을 써야 하니 얼마나 힘드시겠어요."

"누구 적당한 사람이라도 있습니까?"

오정모의 물음에 두 사람은 서로 눈치를 살폈다.

"벌써부터 모두 의논을 했지요. 신앙으로 보나 경륜으로 보나 오 집사님보다 더 이상적인 사람은 없다는 결론을 얻었어요. 그래서 우리가 대표로 청혼하러 온 겁니다."

순간 오정모는 어지럼증을 느꼈다. 도대체 이 사람들이 무슨 이야기를 하는 것인가? 주 목사를 사모한 것은 사실이지만 그것은 성직자로서의 주기철이었다. 그는 거룩하고 숭고한 성직자였고 신앙의 인도자였다. 그의 아내가 되어 지금껏 간직해 온 모든 것을 잃고 싶지 않았다.

"오 집사님, 우리의 사모님이 되어 주세요."
"주기철 목사님의 부인이 되셔서 우리 목사님을 도와주세요."
눈을 감고 있던 오정모가 힘주어 말했다.
"전 못합니다."
그러나 쉽게 물러갈 사람들이 아니었다.
"전 교인이 기도하고 얻은 결론이에요. 이렇게 단번에 거절하시면 안 되지요."
"잘못 아신 겁니다. 전 안 돼요."
"사모님이 눈을 감으시기 전에 오 집사님께 목사님이랑 어머니, 아이들까지 부탁을 하셨다면서요. 우리는 모두 그 애절한 유언을 지켜야 한다고 믿고 있습니다."
"누가 무슨 말을 했건, 어떻게 알고 있건 나와는 상관없는 일입니다. 그만 돌아가 주세요."
그들을 보내고 혼자 남은 오정모는 무릎을 꿇었으나 기도가 되지 않았다.
 '주기철 목사님도 이 일을 알고 계실까? 목사님도 허락하시고 그들을 보내셨을까? 그럴 리 없어. 내게 먼저 왔을 거야. 목사님이 이 일을 알면 어떤 얼굴을 하실까?'
"주님! 주기철 목사에 대한 이 순결하고 아름다운 꿈을 깨트리고 싶지 않습니다."
온 밤을 하얗게 새우며 오정모가 얻은 결론이었다.

학교에서 수업 시간에 오정모가 쓰러진 것은 그로부터 며칠이 지나서였다. 업힌 채 집에 돌아와 자리에 누웠으나 통증은 가시지 않았다. 급한 대로 이필순 장로가 와서 주사를 놓았으나 차도가 없었다. 교인들이 번갈아 간호를 했지만 병세는 날로 악화되어 끝내는 진주 배돈병원에 입원을 했다.

진찰 결과는 결핵성 복막염이었다. 수술 팀은 배를 갈라 놓고 후회가 막심했다. 염증은 손을 쓸 수 없을 만큼 악화되어 있었다.

주기철과 아는 사이인 김 박사는 주기철을 원망했다.

"아니, 그 교회에는 사람도 없소? 더구나 이렇게 악화될 때까지 어떻게 참을 수가 있었을까?"

"수술이 힘들었겠소. 미안하오."

"너무 늦었어요. 뱃속에 고름이 차서 어떻게 수습할 길이 없어 그냥 닫았소. 수술을 했으니 여한은 없을 게요."

주기철은 회복실에 누워 있는 오정모에게 들어갔다. 마취에서 아직 깨어나지 못한 오정모의 창백한 얼굴을 보니 기가 막혔다. 이지적이며 신앙의 열정이 남다른 여성. 언젠가는 뜻 맞는 동역자가 되리라고 믿었던 신앙의 동지였다. 아내를 땅에 묻은 지 1년도 안 되어 제일 가까운 이웃을 잃어야 하는가. 주기철은 오정모의 침상을 붙잡고 엎드렸다.

"주님, 당신의 뜻이 어디에 있습니까? 이 딸의 삶 자체가 주님을 향한 충성이었던 것을 아시지 않습니까? 제가 이 딸을 위해서 할 수

있는 일이 무엇입니까? 주님, 생명을 이어 주소서. 이 약한 딸을 제가 거두기를 원하신다면 주님의 뜻을 따르겠습니다."

몇 개월 전 교회 중진들이 목사의 재혼을 서두른다며 오정모 이야기를 꺼낸 적이 있었다.

"교회 식구를 어떻게 목사의 아내로 들이겠습니까? 본인에게도 못할 일이고 교회 식구들에게도 못할 일입니다. 다시는 그 일을 거론하지 맙시다."

그런데 들리는 소문으로는 오정모도 얼마나 냉정하게 거절하든지 말을 건네러 갔던 사람들이 무안만 당했다고 했다.

그러리라 짐작은 했으면서도 주기철은 은근히 서운했던 것도 사실이다.

'내가 자식이 넷이나 딸린 홀아비라서 그랬을까? 목사 사모라는 직책이 힘들다고 느껴서였을까? 하긴 오 집사는 아직 처녀가 아닌가. 결혼할 상대가 아니라고 하면서도 왜 이렇게 마음이 끌리는가. 주님, 이 사람을 살려 주소서. 이 사람을 잃지 않게 하소서.'

주기철의 두 볼로 어느새 눈물이 타고 내렸다. 손수건을 꺼내는데 꺼질 듯한 희미한 목소리가 귓가를 스쳤다.

"무…물……."

오정모의 바싹 타 붙은 입술이 물을 찾고 있었다.

"물…물……."

의사는 가스가 나오기 전에는 절대로 물을 주면 안 된다고 했다.

주기철은 의사가 가르쳐 준 대로 거즈 수건에 물을 적셔 오정모의 타는 입술을 적셔 주었다.

물기가 입술에 닿자 오정모가 눈을 떴다.

"목사님……."

오정모의 눈가로 눈물이 흘러 넘쳤다.

"고향에 연락을 할까요?"

오정모가 힘겹게 고개를 저었다.

"전 이미 고향도 없는 사람입니다. 제 고향은 하늘 나라, 제 가족은 교회 식구와 학교의 아이들, 제 보호자는 목사님이에요. 무슨 일이 있다 해도 전 괜찮습니다."

그런 말을 하다 오정모는 다시 정신을 잃고 말았다.

저녁을 먹으러 갔던 집사가 돌아왔다.

"목사님, 이제 가셔서 저녁도 잡수시고 주무셔야지요."

그러나 주기철은 병실을 떠날 수가 없었다. 오정모의 상태를 지켜보느라 김 박사는 물론 수술을 집도했던 서양 의사도 병원에 남아 있었다.

환자는 애타게 물을 찾았다.

병실에 잠깐 들렀던 서양 의사는 환자를 자세히 살피더니 무엇인가를 포기한 얼굴로 물을 조금만 주라고 했다.

그러나 주 목사는 물을 주려는 여 집사를 막았다.

"집사님, 안 됩니다. 물을 주라는 것은 환자를 포기한다는 뜻인지도

몰라요. 거즈 수건에 물을 축여서 입술만 적셔 주세요."

잠시 후, 주기철이 기도하는 사이에 여 집사가 오정모에게 물을 준 모양이었다.

"한 숟가락만 더 주세요."

오정모의 타 붙은 목소리에 주기철이 깜짝 놀라 일어났다.

"집사님, 어떻게 하시려고……."

"목사님, 더는 눈뜨고 볼 수가 없네요. 별일이야 있겠어요. 목사님께서 이렇게 밤 새워 기도하고 계신데요. 전 목사님의 기도를 믿습니다."

아침에 병실에 들른 김 박사는 물을 주었다는 말에 고개를 절레절레 흔들었다.

"서양 의사가 물을 주라고 하던데요."

"그야 가망이 없다는 뜻이지."

주기철은 다시 침대 한 구석을 붙들고 기도를 시작했다.

"주님, 정말 다른 방법은 없습니까? 제가 어떻게 하시길 원하십니까? 제가 드릴 것이 무엇입니까?"

아침을 먹고 온 여 집사가 목사의 등뒤에서 조심스럽게 말했다.

"목사님, 아침 드셔야지요. 어제부터 아무 것도 드시지 않으셨어요. 병실은 제게 맡기고 눈 좀 붙이세요."

"난 괜찮습니다."

오후에 교대하러 온 다른 여 집사가 근심스럽게 수근거렸다.

"목사님이 금식 철야를 계속하실 모양이에요. 기적이 일어나서 오 집사가 살아난다면 목사님의 기도 덕으로 알아야 해요."

밤늦게 퇴근하던 김 박사가 병실에 들렀다가 이상하다는 표정으로 고개를 갸웃거렸다.

"이건 기적이야, 기적이 일어났다고. 정말 모를 일이야."

"기적이라고? 정말인가?"

"의학 상식으로는 있을 수 없는 일이야. 하느님이 주 목사의 기도를 들어 주신 모양이네."

오정모는 병실에서 일어난 일을 간간이 의식하고 있었다. 이따금 캄캄한 죽음의 바다에 누워 있을 때도 있었고 활활 타는 듯한 불 속에 누워 있을 때도 있었지만 간절히 하느님을 찾았다.

"주님, 나의 하느님 용서하소서. 용서하소서."

무엇에 대한 용서인지는 알 수 없지만 용서와 자비만 구하고 있었다. 그 순간 오정모는 자신의 잘못을 깨달았다. 교회 집사들이 와서 주기철의 재취가 되어 달라고 할 때 자신은 어떻게 했던가. 기도로 주님의 뜻을 묻지도 않고 거절하지 않았던가.

오정모는 일어나 무릎을 꿇었다.

"주님, 용서하세요. 주기철을 돕는 배필이 되라 하시면 순종하겠습니다."

"아니 오 선생, 이게 웬일이요?"

주기철이 병실에 들어오다 바닥에 무릎을 꿇은 오정모를 발견했다.

"아니, 간호하던 집사님들은 어디를 가셨습니까?"

주기철은 오정모를 일으키려 했다.

오정모는 그대로 주기철의 품에 쓰러졌다.

"목사님, 용서하세요. 제가 하느님의 뜻을 어기려고 했습니다."

"그게 무슨 소리입니까?"

"네 아이의 계모가 되는 일, 목사님을 보살필 일이 두려워 그 길을 피해 가려고 했습니다. 그 짐 지기를 거절했던 것을 하느님께 회개했습니다. 이제 목사님의 처분대로 하세요."

"그 일이 뭐 그리 급합니까? 어서 침대에 오르세요. 수술 자리가 터지면 어쩌려고요. 하느님께서 기적으로 살려 주신 생명을 함부로 대접하면 안 되지요."

침상에 누운 오정모는 눈을 감은 채 한동안 말이 없었다.

그 날 이후 오정모의 지친 몸과 마음이 회복되기까지 많은 날들이 걸렸다.

1934년 9월 평양의 장로회 신학교에서 사경회를 준비하고 주기철 목사를 초빙하였다. 주기철은 평양으로 떠나기 전 교회 장로들에게 자신의 결심을 알렸다.

"평양에 다녀와서 장로님들이 처음 권유한 대로 오정모 집사를 아내로 맞이하겠습니다."

그 해 초겨울로 들어서는 11월, 주기철은 오정모를 아내로 맞이하였다. 그러나 오정모가 그 집에 들어가자 아이들은 전과 달리 냉랭한

얼굴로 대했다.

"목사님을 아버지로 모시고 태어난 것도, 어머니를 일찍 여읜 것도 너희들이 감당해야 할 인생의 몫이다. 어느 누구도 너희들의 아픔이나 쓰라림을 대신 져 줄 사람은 없다. 힘들거나 화나는 일이 있으면 기도해라."

마음을 단단히 먹었지만 아이들은 오정모를 계모로만 여겼다. 게다가 재혼을 권하던 교인들까지도 대놓고 불편한 얼굴을 했다.

평양의 산정현 교회에서 주기철을 부른 것은 그 무렵이었다.

12. 신사 참배를 내세운 일본의 교회 탄압

7월 어느 날, 주기철 부부는 평양역에 도착했다. 그 날은 수요일, 주기철이 산정현 교회에서 삼일 밤 예배의 설교를 하기로 되어 있었다.

평양역에는 조만식 장로를 비롯하여 많은 교회 제직자들이 나와 주기철 목사를 진심으로 반겼다. 그런데 주기철은 내내 뭔가 못마땅한 표정이었다. 보다 못한 오정모가 두 사람만 있을 때 가만히 물었다.

"목사님, 어디가 불편하세요?"

"난 주의 종으로 살고 있는 사람이오. 이런 분에 넘치는 대접은 목사나 교인들을 함께 타락시키는 길이오. 내가 주의 종이란 신분을 잊어버리지 않게 도와야 할 거요."

"너무 따지지 말아요. 오늘은 특별한 날이잖아요."

"인간은 단순한 동물이라 추켜 주면 잘난 줄 알고 우쭐대는 어리석은 존재요."

막상 문창 교회를 사임한다고 하자 교인들은 몹시 당황스러워했다.

" '사람이 마음으로 자기의 일을 계획할지라도 그 걸음을 인도하시는 분은 여호와시라'고 했습니다. 제가 혼자 결정한 것이 아니니 절

위해 기도해 주십시오."

경남 노회도 주기철 목사 송별회를 겸해서 문창 교회에서 임시 노회를 소집했다.

경남 각처에서 달려온 목사들은 모두 이별을 아쉬워했다.

주기철은 우선 고향 웅천으로 이사를 갔다. 여름 햇살을 받은 웅천 앞 바다는 눈부시게 반짝였다. 벼가 막 패기 시작한 논에서는 벼 이삭 익는 냄새가 피어 오르고 있었다.

웅천 교회 장로로 있는 사촌 형 주기찬을 만났을 때 주기철은 심각하게 말했다.

"형님, 제가 이번에 평양에 가면 다시는 고향에 돌아올 수 없을지도 모릅니다."

"무슨 말이 그런가?"

"일본은 신사 참배를 내세워 교회를 없애려고 하고 있습니다. 제가 고향 땅을 밟지 못하면 이 다음에 하늘 나라, 주님 앞에서 만납시다."

그러자 곁에 있던 웅천 교인이 놀란 얼굴로 물었다.

"신사 참배를 안 한다고 목숨까지 내놓아야 합니까?"

"자네는 만일 왜놈의 군사가 밤에 쳐들어와 여인들을 욕보이려 한다면 당하고만 있겠는가? 부녀자가 정절을 지키는 것보다 더 중요한 일이 하느님의 계명을 지키는 일일세. 우리는 어떤 일이 있어도 신앙의 정절을 지켜야 하네."

하지만 주기철이 가는 곳은 산정현 교회가 아니었다. 하느님은 당신의 뜻을 이루기 위해 그곳을 이용하셨을 뿐이다.

새로운 목사를 맞이하는 산정현 교회는 잔치 분위기였다. 민족의 지도자로 존경을 받는 조만식 장로와 오윤선, 유계준 등 아버지 같은 장로들이 줄지어 서서 반겼다. 환영사를 맡은 사람은 숭실 전문학교와 평양 신학교 교수로 있는 이휘성 박사였다.

"이 자리는 산정현 교회를 맡을 주기철 목사를 환영하는 자리가 아닙니다. 평양 교회 주인 목사를 환영하는 자리지요. 조선의 주인 목사를 환영하는 자리입니다."

그날 집에 돌아온 주기철은 아내 오정모에게 마음을 털어놓았.

"내가 어찌 감히 평양의 주인 목사, 조선의 주인 목사가 되겠소. 산정현 교회는 민족주의자들이 다 모여 있는 교회요. 오직 예수 신앙만을 이끌고 나가기가 쉽지 않을 거요."

"그래서 집이 난단 말이이요, 목사님?"

"난 사람이 두려운 것이 아니라 하느님의 명령을 들으며 두려워서 떨릴 뿐이오."

"순종할 각오가 되어 있다면 무엇을 두려워합니까?"

"교회의 주인이 되려 하면 지금부터 교회를 교회답게 만드는 것이 우선이오."

주기철은 입을 꼭 다문 채 멀리 창 밖을 바라보고 있었다.

손기정의 일장기 말살 사건으로 《동아일보》가 폐간 당하고 이 땅에는 더 지독한 8대 미나미 지로 총독이 들어왔다.

"나는 조선에 군림하여 조선 사람들을 대 일본 제국의 충실한 신민으로 만들어 놓겠다."

총독부는 사립 학교 법을 바꾸어서 선교사들이 세운 사립 학교 통제를 강화하며 신사 참배를 강요했다.

신사 참배를 받아들이고 학교나 교회를 지키는 것이 낫다는 생각에 신사 참배에 앞장서는 숫자가 하나 둘씩 늘어났다.

그 무렵 주기철은 예배당에서 밤을 새워 기도하는 날이 늘어 갔다.

어느 날 제직회(교회에서 직분 맡은 사람들이 모인 회)에서 주기철은 분명히 자신의 뜻을 밝혔다.

"부족한 나를 이곳으로 부르신 분은 하느님이십니다. 주님이 이 산정현 교회를 끝까지 지키라는 명령이라고 생각합니다. 미나미 총독은 신사 참배를 하도록 갖가지 계략을 쓸 것입니다. 신사 참배가 총칼이 아니라고 생각지 마십시오. 이 산정현 교회가 이 땅의 교회를 지키는 파수꾼이 되기 위해 지켜야 할 사항을 말씀드리겠습니다. 일본 신사에 참배하는 것은 하느님이 주신 십계명 중 1,2계명을 어기는 일이므로 참배하는 교인은 누구나 제명(이름을 지움), 출교(교회에서 쫓아냄)시킬 것입니다. 신사 참배 거부로 인하여 발생하는 모든 책임은 목사인 내가 책임지겠습니다."

그 해 가을 총독부에서는 각급 학교에 일본 천황의 사진과 일장기, 일본 국가를 인쇄한 액자를 배부했다. 그리고 교실 앞에 걸어놓고 매

일 경배하고 '황국 신민 선서'를 학교에서는 물론 가정에서도 외우라고 강요했다. 점심 시간이 되면 천황 폐하께 감사 기도를 드린 후에 밥을 먹게 했다.

평양 곳곳에 신사를 세우고 그 앞을 지나는 사람은 반드시 코가 땅에 닿도록 공손하게 절을 하지 않으면 불경죄로 잡아갔다.

어느 주일 날 오후, 몇몇이 모여 섰던 자리에서 한 여 집사가 이렇게 말했다.

"사모님, 우리 교회 교인들은 전차표 값이 갑절이나 들어요."

"그게 무슨 소리예요?"

"신사 앞에서 전차를 세우고 절을 하라니까 한 정거장 전에 내려서 걸어가거나 다음 정거장에서 다시 타야 하니까 왕복 두 장은 더 들어요."

"틀림없이 하느님께서 두 배로 갚아 주실 거예요"

오정모는 그렇게 위로할 수밖에 없었다.

그러나 한 정거장 걸어가서 신사 참배를 면할 수만 있다면 얼마나 좋을까.

조선 총독부는 각급 학교마다 산사를 참배하라고 강력하게 명령했다. 그리고 학교에서 가르치던 조선어 시간을 없애고 일본어만을 강제로 사용하게 했다.

산정현 교회가 신앙의 정절을 지키기 위하여 애쓰고 있을 무렵 일본은 중국을 짓밟기 시작했다. 조선 땅으로 끌어들여 전쟁을 걸었던 청일 전쟁에서 중국을 이긴 일본은 그 후로 중국을 하찮게 여겨 왔었다.

주기철 목사가 부임한 후 산정현 교회 교인이 600명으로 늘어났다.

"예배당이 너무 좁아요. 평양은 조선의 예루살렘이요, 산정현 교회는 평양에 있는 25개 교회 중 제일 앞장설 만한 교회라고 자처하면서 정작 교회는 너무 초라하오."

어느 주일 날, 주기철은 설교 시간에 이렇게 강조했다.

"일본이 우리 교회를 본격적으로 핍박해 올 터인데 예배의 처소가 이렇게 초라해서야 어떻게 일본과 맞서서 싸울 수 있겠습니까? 하나님께 예배 드리는 성전은 높이 들려야 합니다."

그 날 오후, 당회로 모인 자리에서 장로들은 우선 건축 헌금을 걷기로 하고 각자 낼 수 있는 액수를 적어 냈다.

놀랍게도 예산이 5만 5천 원인데 그날 하루에 정해진 액수가 4만 원이었다. 그것은 조선 교회사상 유례가 없는 일이라 다른 교회들이 모두 부러워했다.

옛 건물을 헐고 기공식 예배를 드린 날, 정초석(주춧돌) 밑에다 신구약 성경 한 권, 은돈 1원짜리 7개, 교회의 약사를 넣었다.

정초식을 가진 지 6개월 만인 그 해 9월 5일, 공사는 아직 마무리짓지 못했지만 그 주일에 입당 예배를 보았다. 설교 제목은 '새 예배당 입당 예배의 기원'이란 제목으로 주기철 목사의 간절한 기도가 담긴 내용이었다.

1. 하나님이여! 이 예배당에 거하시옵소서.
2. 이 예배당이 만민이 기도하는 집이 되게 하옵소서.
3. 이 집이 알곡을 채우는 곳간이 되게 하옵소서.

해가 바뀌어 1938년이 열리자 일본은 본격적으로 발악을 시작했다. 총독부 학무국에서 교회의 지도급 인사들을 소집한 것은 1월 29일의 일이었다.

"신사 참배를 종교적 행사로 보면 곤란합니다. 정부의 행사일 뿐입니다. 조선 총독부의 교육 기구는 다만 충실한 신민을 훈련하고 참다운 지식을 제공하는 것이 그 목적이므로 선생님과 학생들은 반드시 신사에 참배해야 합니다."

곧이어 미나미 총독은 교회에 대한 시정 정책을 발표했다.

교회당에 국기 게양 탑을 설치할 것, 교회의 일반 신도들에게 신사 참배에 대한 바른 이해와 장려에 힘쓸 것, 서력 연호의 사용을 금할 것 등이었다.

산정현 교회 헌당 예배가 2월 8일 화요일로 결정되었다.

13. 순교의 첫걸음

산정현 교회 헌당 예배가 눈앞으로 다가왔다.

여 집사들은 며칠 전부터 음식을 장만할 일에 들떠 있었다.

그런데 하필이면 하루 전인 2월 7일에 평북 노회가 열린다고 하자 교인들은 좀 걱정하는 눈치였다. 그러나 노회는 조용히 끝난 듯했다.

8일 아침, 고향 후배가 주기철을 찾아왔다.

"목사님, 어제 평북 노회에서 김일선 목사가 노회장으로 선출되었답니다. 또 조선 교회의 신사 참배 안건이 통과되었다는데 사실일까요?"

"만일 그게 사실이라면 큰일이오."

주기철은 곤란할 때 하는 버릇대로 이마를 잔뜩 찌푸리며 깊은 한숨을 내쉬었다.

"평양 신학교 학생들이 그 소식을 듣고 친일파 앞잡이가 노회장이 되었다며 난리를 낸 모양이오."

학생들은 흥분해서 김일선 목사가 졸업 때 기념 식수로 심어 놓은 나무를 뽑아 버리고 푯말까지 도끼로 깨트렸다고 했다.

하지만 그 일이 주기철에게 고약한 올가미가 될 줄은 아무도 상상하지 못했다.

김일선은 예수를 믿기 전에 일본 헌병대의 조선인 헌병 보조원이었다. 그는 평양 신학교에 입학하기 전에는 독립운동가들을 색출하는 일에 일본인보다 더 열심이었고 잡혀 온 사람을 고문하는 데도 일본 헌병보다 더 악랄하게 굴었다고 했다.

그러던 그가 평양 신학교를 졸업해서 목사가 되었다. 일본은 조선 목사 가운데 그를 이용할 속셈으로 노회장 자리에 앉힐 음모를 꾸며서 드디어 교회의 신사 참배를 가결로 끝냈던 것이다.

예배 시간이 되자 손님들이 속속 도착했다.

교회는 완전히 잔치 분위기였다. 그렇게 예배 시간을 기다리고 있는 산정현 교회로 갑자기 형사들이 들이닥쳤다. 형사들은 곧장 주기철 목사의 방을 찾았다.

"주 목사, 조사할 일이 있으니 같이 갑시다."

"내가 무슨 법을 어겼다고 가자는 거요?"

"뭘 믿고 이리 뻣뻣하지?"

"아무튼 지금 우리 교회는 곧 헌당 예배를 드리기로 되어 있소. 예배가 끝나면 곧 가리다. 그러니 먼저들 가시오."

"그렇게는 안 되오. 지금 당장 갑시다."

"도대체 무슨 죄목인지 알고나 갑시다."

"주기철 목사, 당신이 평양 신학교 학생들을 선동해서 김일선 목사 졸업 기념 식수를 뽑게 만든 우두머리라는 걸 알고 왔소."

형사 둘이 주기철의 양팔을 각각 낀 채 밖으로 끌고 나갔다.

교인들이 새파랗게 질려 어쩔 줄 몰라했다.

조만식 장로가 형사를 붙들고 사정했으나 소용이 없었다.

"이게 무슨 날벼락이오?"

조만식이 탄식을 했다.

"장로님, 이제 시작입니다. 우리가 드릴 헌당 예배를 방해받는 것이 당연하지 않습니까? 이 산정현 교회가 얼마나 많은 은혜를 받는지 깨닫게 하는 사건으로 아십시오."

"목사님……."

스승인 조만식의 눈에 언뜻 물기가 비쳤다.

"장로님, 염려 마시고 예배를 잘 마치시오."

형사와 같이 가는 뒤로 교인들이 줄지어 따라갔다.

경찰서에 들어가기 전 주기철은 그들을 돌아보며 말했다.

"내 걱정 말고 어서 가서 예배 드리세요."

"안 됩니다. 예배 시간을 늦춰서라도 목사님과 함께 예배를 드려야 합니다."

청년 회장 유기선이 소리쳤다.

"유 회장, 오늘은 주님과 약속한 헌당 예배 날이라는 걸 잊어선 안 됩니다. 손님들을 모시고 경건한 예배를 드리세요."

"그럼 설교는 누가 하고요?"

유기선의 목소리에 언뜻 울음이 배어 나왔다.

"장로님들과 상의하세요. 어차피 난 여기서 쉽게 나갈 수 없을 거요. 그러니 마음을 가라앉히고 경건한 예배를 드려 주님을 기쁘게 해드려야 합니다."

신경을 쓴 탓인지 빨갛게 충혈된 주기철의 눈이 따라간 교인들의 마음을 더욱 안타깝게 했다.

"자, 어서 들어가시오."

형사가 아니꼽다는 얼굴로 주기철의 등을 힘껏 떠밀었다.

교인들 틈에서 숨죽인 울음소리가 새어 나왔다. 주기철은 이미 안 보였지만 쉽게 그 자리를 떠나지 못하고 어정거렸다.

갑자기 목사를 빼앗긴 산정현 교회는 술렁거렸다.

"주 목사님이 안 계신 가운데 헌당 예배를 드릴 수 없습니다. 날짜를 뒤로 미루어서라도 목사님을 기다려야 해요."

"그건 멀리서 오신 손님들에게 미안한 일이지요. 게다가 목사님이 언제 나오신다는 보장이 있는 것도 아니고요."

눈을 감고 듣고 있던 조만식이 무겁게 입을 열었다.

"예정대로 예배를 드립시다. 주 목사님이 오늘 꼭 헌당 예배를 드리길 원하실 거요. 우리가 주 목사님의 뜻을 따라 그분의 마음을 편하게 해드립시다."

설교는 이휘성 박사에게 부탁하기로 했다.

오정모는 예배 시간이 되자 시어머니인 조재선 집사에게 주 목사가 경찰서에 끌려간 사실을 말씀드렸다.

"아이고, 이게 무슨 소리냐? 하필 헌당 예배 드리는 날 이런 일이 생기다니 무슨 조화 속이란 말이냐?"

어머니가 사색이 되어 자리에 털썩 주저앉으며 울기 시작했다.

"어머님, 이러시면 안 됩니다. 이제 겨우 시작인 걸요. 아범은 어머님의 아들만이 아니라는 걸 아셔야 합니다. 어머님이 강하셔야 주 목사가 승리합니다. 주 목사는 조선 목사의 직분을 감당해야 합니다. 주 목사가 승리하지 못하면 조선 교회는 망합니다. 그러니 어머니께서 꿋꿋한 모습으로 주 목사의 가족을 이끌고 교회로 가셔야 합니다. 우리 가족 모두 그분을 도와야 합니다."

어머니는 마지못해 앞장섰다. 그런 할머니 뒤를 따라가는 아들들의 얼굴은 모두 금방이라도 울음이 쏟아질 듯 심란함을 감추지 못했다.

주기철은 쉽사리 석방되지 못했다. 평양 신학교 학생들 10여 명이 끌려갔고 신학 교수들도 끌려갔다.

평양 신학교를 중심으로 산정현 교인들까지 끌려간 다음 날, 평안북도 노회는 신사 참배를 가결했다. 김일선 목사가 노회장이 된 지 이틀 만의 일이었다.

형사들은 거의 매일 주기철을 불러서 취조했다.

"당신이 신학생들을 충동질해서 기숙사 앞에 심은 나무를 뽑게 했다는 걸 알고 있소. 그것은 노회장으로 선출된 김일선 목사를 시기해서 저지른 일일 게요. 또 신학생들을 선동해서 신사 참배를 거부하게 만들려는 사전 음모라는 것도 알고 있으니 자백하시오."

"학생들이 철없이 한 짓이오. 후배들을 잘못 가르친 죄를 사과하리다."

"그러면 신사 참배를 거부하라고 가르친 것도 잘못한 일이라는 걸 인정하오?"

"나는 목사요. 목사는 하느님의 말씀을 생명으로 지키는 사람이며 또 그 말씀을 가르치는 사람이오. 신사 참배는 당신들 나라의 일이라고 알고 있소. 그리고 예수교 신자들은 신사 참배를 할 수 없다는 것이 하느님의 계명이오. 당신네 나라의 신을 조선 사람에게 참배하라고 강요하는 것은 크게 잘못하는 일이오."

"당신이 감히 우리를 가르치려는 거야?"

형사가 느닷없이 주기철의 뺨을 후려쳤다.

주기철이 몸을 곧추세우며 바라보자 형사는 연거푸 뺨을 갈겼다.

그 순간 주기철은 눈을 감았다.

'주님, 바로 이 자리를 위해 당신은 지금까지 저와 동행하여 주셨습니다. 감사합니다, 주님……'

그 뒤로 어떤 힘든 일이 벌어지든 주기철은 꿋꿋이 버틸 수 있었다.

주기철은 4주 만에 풀려 났다. 교회의 대표로 유계준 장로가 경찰서로 찾아가 '앞으로 주기철 목사의 일신상의 문제는 교회의 당회가 책임진다'는 각서를 써주고서였다.

하지만 그것은 시작에 불과했다.

14. 혹독한 고문을 견디며

"내일 모레가 반공 훈련이래요. 밤에도 전등을 켤 수 없고 촛불 호롱불도 켜면 안 된대요."

"저희 맘대로 전쟁을 일으켜 놓고 왜 남의 땅에 불도 못 켜게 야단이야. 그래도 비행기 공습은 무서운 모양이지."

사람들은 만나면 그렇게 불평을 했다.

그 무렵 일본이 파견한 일본 기독교회 대회 의장 도미다 목사가 서울을 거쳐 평양에 들어왔다. 그가 온 목적은 평양 모든 교회에 신사 참배의 타당성을 주입시키기 위해서였다.

그들을 환영하기 위해 100여 명의 목사들이 평양 교외 읍취각에서 성대히 환영회를 열었다. 그들은 주기철이 묘향산에 기도하러 간 사이에 산정현 교회를 행사 장소로 정하였다.

행사가 열린 날은 마침 주기철이 묘향산에서 집으로 돌아온 날이었다. 주기철은 금식하던 그대로 교회로 달려가 뒷자리에 자리를 잡았다. 도미다를 수행한 일본 기자도 몇 명 있었고 사복 경찰관과 정복 경찰관도 섞여 있었다.

도미다 목사는 깍듯한 태도와 싹싹한 말씨로 입을 열었다.

"지혜로운 조선 목사님들은 이미 아시겠지만 신사는 이미 정부가 국가의 의례로 정한 것입니다. 국가는 신사를 종교로 규정한 일이 없습니다. 아시다시피 신사 특정 종교 예배를 강요한 일이 없지 않습니까."

몇 명이 반론을 주장하기도 했지만 더러는 벌벌 떨고만 있었다.

주기철은 조용히 분위기를 살피다 손을 들어 말할 기회를 얻었다.

"도미다 목사님께서는 십계명을 외울 줄 아십니까?"

평양 기독교 친목회를 이끌고 있는 오문환이 통역을 하다 난처한 표정을 지었다.

"내 말을 그대로 통역하시오."

주기철이 명령하듯 소리쳤다. 그리고 대답을 기다리지 않고 계속 말했다.

"일본에서는 신도와 기독교를 함께 묶어 그 신사를 일본의 종교로 못박은 책들이 많이 나와 있는 걸 보았습니다. 그런데 신사가 종교 문제가 아니라는 말씀은 모순이 아닙니까?"

도미다가 뜻밖의 사태에 당황한 얼굴을 감추지 못했다.

"언제 우리 일본 정부가 기독교를 버리고 신도로 개종하라고 강요한 적이 있습니까? 국가는 국가의 제사를 국민이 된 여러분에게 요구한 것에 불과합니다. 만일 기독교가 직접 핍박을 받을 때는 순교하란 말이오."

흥분한 도미다의 목소리는 떨려 나왔다.

"도미다 목사님이 진정 그리스도의 사도라면, 그리고 진정 조국 일본을 사랑한다면 이렇게 조선 사람들에게 신사를 참배하라고 권고하고 다니기보다 같은 일본 동포들에게 열심히 복음을 전하셔야 하지 않겠습니까?"

토론은 새벽까지 계속되었다. 한 가지 이상한 일은 도미다 목사가 끝까지 자리를 박차지 않고 앉아 있었다는 사실이었다.

그 이듬해 이른 봄, 2월 9일에 열린 평북 노회에서 신사 참배를 가결하자 27개 노회 중 17개 노회가 그 가결을 따르기로 했다. 그들이 노린 작전이었다.

7월이 되자 평양 경찰서는 각 교회에 공문을 띄웠다.

중국과 만주, 동남아 등지에서 나라를 위하여 싸우는 젊은이들이 전쟁에 이기기를 기원하는 예배를 드리라는 내용이었다.

주기철은 주일 예배가 시작되기 전 공문을 읽었다.

"경찰서가 원하는 대로 예배 전에 잠깐 기도하시겠습니다. 하느님의 뜻대로 행하는 자에게 승리를 주시고 하느님의 뜻을 거역하는 자는 멸망하게 하시사 하느님이 살아계심을 증거하옵소서."

그 후 일본은 조선 일체라는 허울 좋은 핑계로 창씨 개명(우리 성을 일본 식으로 고치게 하는 일)을 강요했다.

물론 주기철에게도 형사가 찾아왔다.

"주 목사가 협조를 해 줘야 교인들도 따라할 게 아니오."

말은 협조라고 했지만 협박과 마찬가지였다.

"알았소. 그것이 국법이라면 마땅히 지켜야지요."

주기철은 순수히 신천기철이란 이름으로 바꾸었다.

주기철은 그 시대에 혁명을 하자는 것이 아니었다. 다만 하느님 그분을 성경대로 믿자는 주장이었다.

얼마 후 사복 경찰 몇 명이 교회 사무실로 들이닥쳤다.

"무슨 일이오?"

주기철이 창백한 얼굴로 또렷하게 물었다.

"가 보면 알아."

미처 가족이나 교회 식구들에게 알릴 틈도 없이 주기철은 평양 경찰서로 끌려갔다.

"유명하신 주기철 목사님, 내 이름은 시미즈가와 유타로입니다. 저는 목사님을 너무 잘 알고 있지요."

고등계 주임 시미즈가와의 한국 말은 놀랄 만큼 유창했다.

"주 목사님이 도미다 목사님이 평양을 방문했을 때 아주 대단한 대접을 하셨다고 소문이 자자하더군요."

"그래서 나를 부르셨소?"

"서로 이야기를 충분히 나누다 보면 우리가 왜 마주앉게 되었는지 알게 되겠지요."

"법치 국가라고 자랑하는 일본 경찰이 법을 어긴 적이 없는 나를 왜 데려왔습니까?"

"듣던 대로 대단한 목사님이군요. 말씨름이야 우리 같은 사람이 목사를 따라갈 수 있겠습니까?"

그렇게 이유도 없이 시작된 구류는 끝도 없이 날을 끌었다.

총회가 열리기 전에 주기철 목사를 구속한 것은 신사 참배 안건을 들고 나올 사람을 묶어 두기 위한 작전이었다.

그렇게 주기철 목사를 구속해 놓긴 했으나 시미즈가와 형사와 모리 검사는 여간 부담스러운 게 아니었다. 법을 어긴 적이 없으니 적절하게 붙일 죄목이 없기 때문이었다.

모리가 시미즈가와를 독촉했다.

"자네 주기철을 어떻게 다룰 셈인가?"

"죄목이야 얼마든지 붙일 수 있지요. 신사 참배를 거부한 목사니까요."

"그렇게 단순하지는 않아. 주기철의 영향력은 대단해. 산정현 교회뿐 아니라 다른 교인들과

학생들에게까지 폭넓은 지지층을 갖고 있으니 골칫거리야."
모리가 고개를 절레절레 흔들었다.
시미즈가와도 머리가 아프긴 마찬가지였다.
"검사님, 그 자를 교회에서 쫓아내면 어떨까요?"
"누가 그 자를 내보내? 교인들, 아니면 스스로 나가게 해? 두 가지 다 어림없는 소리야."
"당회에서 내보내게 하겠습니다."
"어림없는 소리. 산정현 교회는 민족주의자들의 둥지야."
"제가 그 일로 김동원 장로를 만났습니다."
김동원 장로는 지난해 6월 수양 동우회에서 출간한 잡지 《동광》이 독립 사상을 주장하고 민중을 계몽했다 하여 회원 전원을 구속한 사건에 깊이 관련되어 있었다.
"그자를 어떻게 다루려고?"
"네가 징역을 살겠느냐, 아니면 주기철의 사표를 받아 내겠느냐고

143
14. 혹독한 고문을 견디며

족쳤지요. 또 주기철이 사표를 내고 고향 웅천으로 간다면 자신의 잘못도 무죄가 될 수 있고 주 목사에게 신사 참배를 강요하지 않고 그대로 방면할 수 있다고 했습니다."

다음날 김동원은 다시 한 번 모리 검사에게 불려갔다.

"김 장로, 주 목사는 퍽 나약해 보이던데 더 이상 고생을 시킬 필요가 있소? 그러니 잘 의논해서 사표만 받아 내시오."

김동원은 며칠 밤을 지새웠다. 자신도 무사하면서 주기철의 고생을 끝내게 할 수 있다는 명분이 서자 조만식과 유계준 등을 만났다.

"목사님이 너무 많이 상하셔서 눈을 뜨고 볼 수가 없습니다. 무슨 방법을 강구해야지 저러다간 무슨 일을 당하지 싶습니다."

"목사님 사표 이야기를 한 놈이 누구요? 모리 검사, 아니면 시미즈가와 형사겠지요? 그래 김 장로는 그걸 말이라고 전하는 거요?"

화가 치민 유계준이 버럭 소리를 쳤.

그 말을 들은 청년 회장 유기선이 아버지 유계준에게 자신의 뜻을 말씀드렸다.

"김 장로는 예수님을 은 30전에 판 가룟 유다 같은 사람입니다. 아마 평양 경찰하고 주 목사님 사표를 받아 내면 자신의 죄를 깨끗이 지우기로 협상했을 겁니다. 산정현 교회를 모욕했고 목사님을 모욕한 그런 사람을 우리 청년회에서 가만두지 않겠습니다."

"혈기는 정의가 아니다. 김 장로를 딱하게 여겨라. 잠깐 사탄의 유혹에 넘어갔던 게야. 이번 일은 어른들이 알아서 할 거다."

청년들은 울분을 참지 못했으나 유계준 장로의 타이름을 들을 수밖에 없었다.

일본의 앞잡이 배만수 형사는 일본에 충성하는 길은 조선 교회의 말살이라고 여기는 인물이었다. 배만수가 맡은 농우회 사건은 평양 신학교 학생들이 각기 고향에서 농우회를 조직하여 농촌 협동 조합을 만들고 야학을 열어 글을 가르치고 농사법을 개량하는 일을 하는 모임을 탄압한 사건을 가리킨다. 농우회는 관서 체육 회장이자 조선일보 사장직에 있던 조만식을 회장으로 모셨다. 배만수는 그 농우회가 반동 사상이라며 의성 교회를 급습해 유재기 목사 등을 체포하여 고문하고 있던 중이었다.

배만수는 의성이 좁다는 생각에 평양 출장을 요구하였다.

"농우회 회장이 산정현 교회 조만식 장로가 아닙니까? 그 밖에 잡혀 온 목사들은 주 목사 친구들이니 주동자는 주기철 목사가 분명합니다. 그러니 주기철을 평양에서 이곳으로 끌어와야 합니다."

의성 경찰서의 일본인 형사들은 배만수의 추리와 수사에 혀를 내둘렀다.

주기철을 의성으로 압송하기로 결정한 것은 의성 교회 청년들과 유재기 목사를 구속한 몇 주 후였다.

8월 10일 평안 남도 장로 교회들이 신사 참배를 결정하고 있을 때 주기철은 의성으로 끌려가고 있었다. 그가 도착하자마자 고문이 시작되었다.

낭하 계장은 주기철을 보자 먹이를 만난 맹수 같은 표정으로 다가왔다.

"당신이 그렇게 유명한 주기철 목사인가?"

"난 그저 산정현 교회 목사일 뿐이오."

"소문은 대단하던데 유약하기 짝이 없군. 여자보다 곱게 생겨가지고 무슨 힘으로 농우회를 조직했지?"

"난 농우회에 가입한 일이 없소."

"생각보다 비겁하군. 졸개들이 모두 잡혀 왔는데 혼자서 빠져나가려고 농우회를 모른다고 잡아떼?"

"농우회는 알고 있소. 그건 조선의 농촌 청년들을 돕는 교회의 기관일 뿐이오."

"주 목사, 그렇게 거짓말하지 말고 솔직히 다 털어놓는 게 어때?"

"어차피 당신들은 편리한 대로 각본을 짜 놓고 심문을 하지 않소? 무얼 더 원하시오?"

"아직 맛을 못 보아서 잘도 쫑알거리는군. 어, 배 형사 맛을 좀 보여 주게."

배만수에게 끌려간 곳은 컴컴한 지하실이었다.

"같은 조선 사람인 나에게 고문을 당하겠소? 순순히 불면 서로가 편하잖아."

배만수는 겁을 주듯 몽둥이를 공중에 한 번 휘둘러 보이며 노려보았다.

주기철이 대답을 안 하자 화가 난 배만수의 몽둥이가 주기철의 어깨를 내리쳤다. 어깨에 벼락이 떨어지는 것 같았다. 주기철의 눈에서 눈물이 주르르 흘러내렸다.

"하, 유명한 목사가 몽둥이 한 대로 눈물을 흘려? 생각보다 영 형편없군."

"오해 마시오. 당신과 내가 다 불쌍해서 그렇소. 때려야 하는 당신이나 맞아야 하는 나나 모두 불쌍할 뿐이오."

"아하, 조선 사람에게 맞는 게 싫다 이거지요? 이제 곧 낭하 계장께서 출동할 거요. 예술적인 고문을 하는 분이니까 맞아서 반쯤 죽은 사람도 있고 실성한 사람도 있다는 군. 주기철은 매를 맞으면 어떤 모습이 될까 궁금한데."

검도용 몽둥이는 자주 부러졌다. 앉혀 놓고 짓이기고 천장에 가로지른 각목에다 발목을 묶어 매달아 놓고 가죽 채찍을 휘둘렀다.

낭하와 배만수는 번갈아 고문실을 드나들었다.

"주기철, 순순하게 자백하라. 무엇을 믿고 버티는가?"

"난 거짓말을 할 수 없소."

"아하, 아직 매운 맛을 못 보아서 입이 살았어."

고춧가루를 가득 푼 주전자 물이 거꾸로 매달린 주기철의 코와 입으로 쏟아져 들어갔다. 고춧가루 물 고문은 숨통만을 막는 게 아니라 혈관도 불타게 만들었다.

'주님, 이대로 다시는 깨어나지 않게 해 주소서······.'

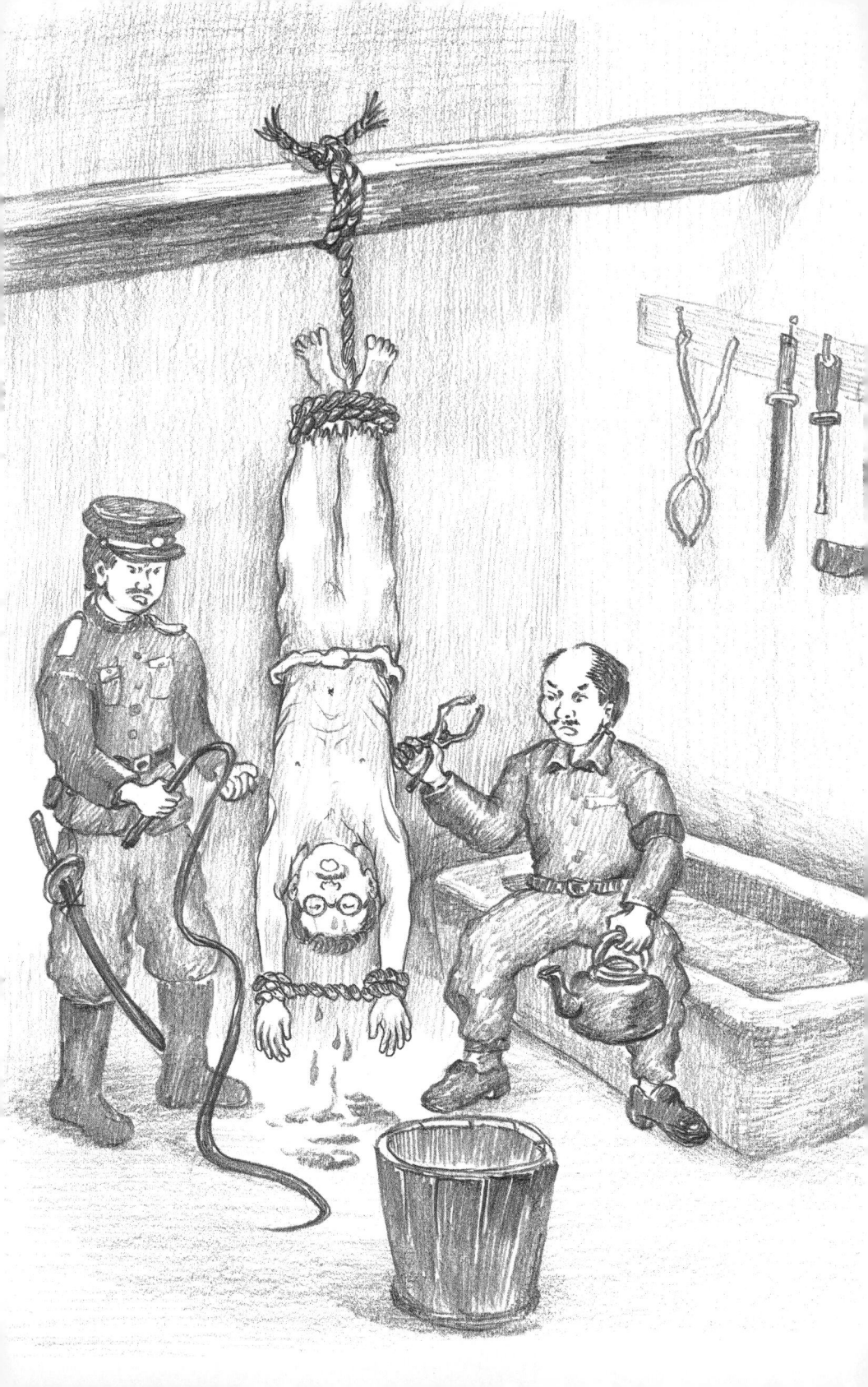

그러나 혼절한 육체는 질질 끌려 감방 안으로 던져지고 시간이 지나면 의식이 돌아왔다.

농우회 사건은 낭하와 배만수가 기대한 만큼 성과를 거둘 수 없었다. 잡아들인 사람들을 아무리 고문해도 농우회가 독립운동을 했다는 물증을 잡을 수가 없었다.

"주기철, 아직도 신사 참배를 목숨을 걸고 반대하고 있지?"

"반대하는 것이 아니오."

"그럼 신사 참배를 하겠다는 건가? 당장 참배를 한다면 이 사건도 좋게 끝낼 수가 있는데."

"조선 사람인 우리가 왜 일본 사람들의 신사 참배를 반대하겠소? 다만 크리스천은 우상 앞에 절하지 않겠다는 것뿐이오. 그것이 하느님이 우리에게 주신 계명이오."

"그럼 천황 폐하도 예수를 믿지 않으면 지옥에 가는가?"

"사람은 모두 하느님이 지은 존재요. 천황이라도 하느님을 믿지 않으면 지옥에 갈 수밖에 없소."

"야, 펜치 가져와. 정신 좀 들게 만들어야겠다."

그들은 주기철의 손톱을 잡아 뽑았다. 그리고 손톱 뿌리가 남아 있는 자리를 대나무 바늘로 쑤시고 찔렀다.

'주여, 이들을 불쌍히 여기고 용서하소서. 저에게 이들이 맡은 악역을 맡기지 않으신 주여 감사합니다.'

15. 반가운 전보

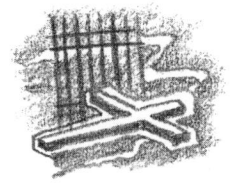

평양 서문밖 교회에서 장로회 27차 총회가 열린다고 했다.

오정모가 그곳에 도착했을 때 참석자 219명 사이사이에 경찰관이 97명이나 끼여 있었다. 방청객도 500여 명이 넘었다.

첫날은 임원 선거를 했고 둘째 날이었다.

회장 홍택기 목사는 찬송가 한 장을 부르더니 신사 참배 가결 절차로 들어갔다.

평양 노회장 박응률 목사가 벌떡 일어났다.

"평양, 평서, 안주 세 노회를 대표해서 신사 참배 결의를 제안합니다."

모두 꿀 먹은 벙어리처럼 말이 없는데 선교사 한 명이 일어섰다.

"조선 교회는 신사 참배를 반대하오. 조선의 기독교인 중에서는 누구도 신사 참배를 할 사람이 없소."

사복 경찰 몇 명이 그 선교사를 끌고 나갔다.

"신사 참배는 우상이오. 일본은 조선 교회에 신사 참배를 강요할 권한이 없소."

그 선교사는 일경에게 끌려 나가면서도 계속 소리쳤다.

홍택기 회장은 소란 속에서도 눈썹 하나 움직이지 않고 단상에서 말했다.

"가 하시면 예 하시오."

"예."

당연히 '아니면 아니라고 하시오' 하고 물어야 할 순서는 지워지고 없었다.

"그럼 채용하기로 가결합니다."

그때 우르르 30여 명의 선교사들이 일어났다.

"이것은 불법이오."

"항의합니다. 반대 의사도 묻지 않는 것은 회의법 위반이오!"

형사에게 멱살을 잡혀 가면서 한 선교사가 울음 섞인 목소리로 소리쳤다.

"살아 계신 하느님이 두렵지도 않소? 나는 이 불법을 하느님께 상소하겠소."

그러고는 끝내 울음을 터뜨렸다. 방청석 여기저기에서도 흐느낌이 번져 갔다.

그들이 미리 짜 놓은 각본은 치밀했다. 그런 소란 속에서도 미리 준비한 성명서를 서기를 시켜서 읽게 하였다.

"신사는 종교가 아니오. 기독교 교리에 위반되지 않는 뜻을 이해하고 신사 참배가 국가 의식임을 깨달음으로써 신사 참배를 솔선 장려하고 국민 정신 총동원에 참가하여 비상 시국하에서 황국 신민으로서 최선을 다할 것을 경정함."

성명서 낭독이 끝나자 일어난 사람은 평양 기독교 친목회원 심익현이었다.

"모든 절차가 순조롭게 진행 가결되었으니 즉시 신사 참배를 실행할 것을 청합니다."

부회장인 김창길 목사의 안내로 전국 노회장 등 27명이 총회를 대표해서 평양 신사 참배에 나섰다.

먹살을 잡혀 끌려온 선교사들은 신사 참배 가결안이 무효임을 주장하는 항의서를 총회 앞으로 제출하였다.

그러나 총회의 반응은 냉랭했다.

일본 관헌이 개입한 총회였지만 신사 참배를 가결한 후 교단 분위기는 순조로웠다. 조선의 기독교가 지금까지 의존하던 서양 사람들의 손을 벗어난 듯한 느낌이 들기도 했다.

그 해 10월 17일, 서울에서는 시국 대응 기독교 장로회 대회가 열렸다. 3천 명이나 모인 그 집회에서 미나미 총독이 훈화를 했다. 천황을 존중할 것, 국가에 대한 충성을 강조하면서 황국 신민의 근본 정신에 위배되는 종교는 절대로 허용하지 않겠다는 위협까지 곁들였다. 미나미의 훈화가 끝난 후 '황국 신민의 선거'를 힘차게 제창하고 일장기를 쳐들고 시내를 행진한 뒤 남산에 세운 조선 신궁에 참배했다.

의성에서 주기철의 면회를 허락한다는 소식이 온 것은 그 무렵이었다.

 오정모는 한달음에 의성으로 향하였다. 늙으신 어머니가 당신도 아들을 보아야 한다며 나서는 것을 가까스로 떼어놓고 나가는 참이었다. 끔찍하게 고문당했을 주기철의 형편이 어떤지 알 수 없기 때문이었다. 또 그런 상황에서 어머니를 만나면 주기철의 마음이 흔들릴지도 모를 일이 두려웠다.
 의성 경찰서에 도착하자 낭하와 배만수가 오정모를 맞았다.
 "부인, 먼 길을 오시느라 수고하셨습니다. 우선 앉으시지요."
 '이자들이 또 무슨 음모를 꾸미려는 걸까?'
 오정모는 긴장을 풀지 않고 그들이 밀어 놓은 의자에 앉았다.
 "이제 주 목사도 어지간히 지쳤습니다. 부인도 아시다시피 조선 교회 대부분이 당국의 방침을 따라 신사 참배를 거행하고 있습니다. 그런데 주 목사는 시국에 대해 둔하십니다. 저렇게 고생을 할 일이 아닌데 말입니다. 그러니 부인이 면회를 하셔서 신사 참배를 하겠다는 약속을 하도록 설득하세요. 그것 한 가지면 당장 석방입니다."
 아, 석방…… 오정모의 귀에는 그 소리만 들렸다.
 '어차피 교단과 총회가 무릎을 꺾지 않았는가? 왜 주 목사 혼자 이 고생을 해야 하는가? 고생을 한다고 뭐가 달라지겠는가?'
 그러다 오정모는 화들짝 놀랐다.
 '내가 지금 무슨 생각을 하고 있는가?'
 그런 갈등으로 시달리고 있는데 형사실 문이 열렸다.

반사적으로 고개를 돌리던 오정모는 벌떡 일어나 그 자리에 얼어붙었다.

주기철의 모습은 너무 처절하였다. 수염을 못 깎아 초췌해진 얼굴은 창백하다 못해 백납 빛이었다. 안질이 번져서 충혈된 눈은 눈곱이 범벅이 되었고 무명 저고리는 너무 헐렁하여 허수아비에게 걸쳐 놓은 옷처럼 보였다. 검불처럼 바람만 불어도 쓰러질 것 같았다. 저런 형편에 살아 있다는 것이 신기했다.

그러나 주기철은 오정모를 보자 기운을 얻은 듯 환하게 웃었다.

오정모는 피가 나도록 입술을 깨물었다. 그리고 다가서는 대신 그 자리에 무릎을 꿇고 엎드려 절을 했다.

배만수와 낭하도 당황한 얼굴이었고 주기철도 뜻밖의 행동에 의아한 표정으로 서 있었다.

"목사님, 장하십니다. 조선 교회가 다 무너져도 목사님이 견디시는 한 주님의 교회는 건재합니다. 목사님, 승리하셔야 합니다. 주님께서 목사님의 승리를 끝까지 지켜보시며 기다리고 계십니다."

갑자기 배만수가 오정모의 머리채를 잡아챘다.

"아니, 이런 독한 계집을 보았나? 제 서방을 석방시키게 거들라고 했더니, 뭐라고? 더 견디고 승리하라고? 세상에 서방을 죽음으로 몰아넣는 독한 여편네도 있어!"

오정모는 머리채를 뜯기면서 주기철을 바라보았다.

"목사님, 우리의 기도가 결코 헛되지 않습니다. 목사님도 지금까지 견딘 것처럼 기도하면서 견디십시오. 어머님도 잘 계시고 아이들도 잘 지내고 있으니 염려하지 마세요. 산정현 교회는 잘 견디고 있고 교인 중 십계명을 어긴 사람은 한 사람도 없습니다."

배만수가 오정모를 잡아끌어 형사실 밖으로 내동댕이쳤다.

"목사님, 억지로라도 음식을 잡수시고 힘을 키우세요. 잘 잡수시고 잘 주무시고 꼭 승리하세요, 목사님!"

오정모는 끝내 주기철의 목소리를 듣지 못했다.

'아, 얼마나 힘드셨을까? 그 연약한 몸이 찢기고 또 찢겨 이제 찢을 자리도 없어 보이는 목사님……'

평양으로 돌아오는 기차 안에서 오정모는 한없이 울었다.

'주님, 용서하세요. 기차 안에서만 울고 평양에 도착하면 약한 모습을 보이지 않겠습니다.'

오정모가 평양으로 돌아간 뒤 배만수는 주기철을 설득하기 위해 고향 웅천에서 형들을 끌어들였다.

"저러다가 주 목사는 죽는다. 지금 조선의 모든 교회가 신사 참배를 하는데 왜 고집을 부려 목숨을 버리려고 하는가? 그러니 동생 주 목사를 설득하시오."

동생을 만난 형들은 너무 끔찍한 모습에 목이 메었다.

"세상에 이게 무슨 일인가? 신사 참배를 한다고만 하면 풀어 주겠다는데 무엇 때문에 그리 고집을 부리는가?"

"아우야, 그만 타협하지 그래. 그저 일본의 국가 의례라는데 고개

한 번 숙이면 될 것을 가지고……. 어머님과 아이들의 장래도 생각해야 할 것 아닌가? 그만 우리 말을 들어!"
"차마 눈을 뜨고는 못 보겠다. 이러다가 네가 죽으면 나중에 우리가 무슨 면목으로 조상님을 뵙겠냐?"
잠자코 듣고만 있던 주기철이 그제야 입을 열었다.
"조상님 뵐 걱정을 하십니까? 지옥을 무서워하십시오. 형님들이 이렇게 약한 소리를 하시면 제가 더 힘들어집니다. 부디 신앙을 지키십시오. 제가 세상을 떠나더라도 형님들께 드릴 말씀은 오직 그 한마디뿐입니다."
"하느님이 살아 계신다면 설마 네가 이렇게 매 맞아 죽는 것을 바라시겠느냐. 신앙을 이렇게 지키다간 몇 사람이나 살아남겠어. 공연히 고집 부려 주위 사람 가슴에 못박지 말고 그만 나오너라."
형들의 말에 주기철은 눈을 감아 버렸다.
형들은 이것이 동생을 보는 마지막이 될지 모른다는 생각에 쉽게 발길을 돌리지 못했다.
그 모습을 지켜본 배만수와 낭하가 화를 내며 이를 갈았다.
"저 주 목사도 인간이야? 어떻게 아내의 눈물에도 형제의 간청에도 눈도 깜짝 안 할 수가 있단 말이야. 겉 모습만 보고 금방이라도 불 것이라고 생각한 우리가 실수했어."
의성 경찰서는 농우회 사건으로 해를 넘길 수가 없었다. 일단 조서를 마무리해서 경찰청으로 넘기는 것이 순서였다. 주기철은 엄동설한의 12월에 경찰청으로 넘겨졌다.

　주기철은 배만수와 낭하를 만나지 않는 것만으로도 한시름이 놓이는 것 같았다. 그러나 경찰청의 감방도 의성과 다를 바가 없었다. 평양에서 보내 온 솜바지와 솜서고리를 입었으나 콘크리트 감방 속의 추위는 찢기고 터진 살점 속으로 파고들어 온몸을 오그라들게 했다.

　해가 바뀌어 2월 초 검찰은 유재기 목사 한 사람만 기소하고 나머지는 모두 무혐의로 석방을 결정했다.

　도 경찰 측에서 주기철의 석방 소식을 대구 서문 교회 김정오 장로에게 알렸다.

　"평양에 전보를 치시오. 즉시 사모님께 전보를 쳐요."

　김정오 장로는 경찰청으로 달려가며 아내에게 소리쳤다.

　경찰청에 가니 다른 사람은 모두 석방하고 주기철만 아직 감방에 있다고 했다.

　고등계 주임은 담배를 물고 김정오를 보더니 고개를 흔들었다.

　"주기철은 안 되겠는데. 죽어도 신사 참배는 못하겠다니 우리가 풀어 줄 명분이 없지 않소."

　김정오는 더럭 겁이 났다. 만일 주기철이 석방되지 않는다면 어떻게 될 것인가? 주 목사가 이곳을 나가서 신사 참배를 하든 안 하든 알아서 할 일이지만 석방을 시키려는 사람의 명분은 세워줘야 할 것 같았다. 그는 얼른 주임에게 다가가서 귓속말을 했다.

　"우선 풀어 주시오. 사람을 풀어 놓으면 내가 설득을 하리다."

"정말 자신 있어요? 그럼 우선 3일 간만 가석방이오. 김정오 회장님 지위를 봐서 풀어 주는 것이니 약속을 꼭 지키시오."

그렇게 약속을 한 김정오는 주기철의 석방 수속을 밟으며 마음이 편치 않았다.

'끝까지 타협을 하지 않을 분인데 어떡하지? 사흘 뒤에 다시 이곳으로 돌아오게 된다면?'

그러나 초췌한 모습의 주기철이 형사의 안내를 받으며 나오는 모습을 보자 기쁘고 반가울 뿐이었다.

"목사님 어서 여길 빠져나갑시다. 전보를 쳤으니 사모님이 곧 오실 겁니다."

김정오 장로의 집은 잔칫집 같았으나 그의 마음은 천 근이나 되는 듯 무거웠다.

저녁식사 후 김정오는 고등계 주임의 말을 전했다.

"신사 참배를 하겠냐는 약속을 해야 온전한 석방을 하셨답니다. 아니면 사흘 후에 다시 들어오랍니다."

"다시 돌아가야지요. 돌아가서 30년을 살더라도 이 사흘의 자유를 감사히 받겠습니다."

주기철의 목소리가 떨리고 있었다.

'금일 주 목사 석방. 대구 김정오 장로'라는 전보를 받는 순간 오정모는 와락 눈물이 쏟아졌다. 그 길로 밤 기차를 타고 나서도 아직도 믿겨지지 않았다.

'어떤 조건으로 석방이 되신 걸까? 혹 타협을 하신 것이 아닐까?'
오정모는 교회에 알리기 전에 먼저 주기철을 만나고 싶었다.
김정오의 집에 들어서니 그가 놀라며 물었다.
"사모님 혼자 오십니까? 산정현 교회 장로님들 중 함께 오실 분이 없으셨습니까?"
"유계준 장로님이 곧 오실 겁니다."
떠들썩한 소리에 주기철이 문을 열고 내다보았다.
"목사님 승리하셨지요?"
그 순간 활짝 웃던 주기철의 얼굴이 초라한 표정으로 바뀌면서 대답했다.
"사흘뿐이오."
"그러면 다시 가셔야 합니다. 가셔서 신앙을 지키다 순교하셔서 조선 교회의 밀알이 되셔야 합니다. 목사님이 순교하셔야 조선 교회가 꿋꿋하게 설 수 있습니다."
그 순간 오정모는 자신도 놀라고 있었다. 마치 누가 써준 문장을 읽듯 술술 나온 그 말은 자신의 의사도, 뜻만도 아닌 것 같았다.
그 날 밤 두 사람만 있게 되었을 때 오정모는 주기철 앞에 쓰러지며 울었다.
"목사님, 용서하세요. 할 수만 있다면 단 며칠이라도 제가 목사님의 아픔을 대신하고 싶습니다. 하지만 다시 가셔야지 어쩌겠어요. 목사님이 일본 앞에 손을 드는 것은 산정현 교회의 패배요, 조선 교회

의 항복입니다."

주기철은 그윽한 눈으로 오정모를 바라보다 빙그레 웃었다.

"내가 그리 못 미덥소? 걱정 말아요. 내가 이렇게 견딜 수 있는 것은 내 힘이 아니라는 것을 당신도 알지 않소. 내가 당당한 걸음으로 다시 감옥으로 가리다."

사흘 후에 김정오가 먼저 고등계에 찾아갔을 때 주임은 마침 출장 중이었다. 대신 설명을 들은 부장은 대수롭지 않다는 얼굴로 주기철이 평양으로 가도 좋다고 대답하는 게 아닌가.

2월 5일 평양역에는 수많은 사람들이 마중나와 있었다. 주기철을 한눈에 알아본 사람들은 누가 시킨 것도 아닌데 한 목소리로 찬송가를 불렀다.

"내 주는 강한 성이요. 방패와 병기되시니, 큰 환난에서 우리를 구하여 내시리로다……."

16. 5종목의 기도

　예배 시간이 되자 평양, 대동, 선교리 3개 경찰서 소속 고등계 형사들이 산정현 교회로 몰려들었다. 예배당은 가득 차고 자리를 얻지 못한 사람들은 예배당 유리 창문에 매달려서라도 주기철 목사의 설교를 들으려 했다. 산정현 교회에 사람들의 숫자가 늘어날수록 형사들의 얼굴에는 살기가 등등했다.
　주기철이 강단에 올라섰다. 실로 7개월 만이었다.
　2천여 명이 모인 자리였으나 숨소리도 들리지 않았다.
　주기철은 성경을 읽은 후 낭랑한 목소리로 설교를 시작하였다.
　"지난 7개월 동안 감옥에서도 나와 함께 해 주신 주님께 감사드립니다. 그 7개월 동안 여러분의 기도 안에서 저는 견딜 수 있었고 이렇게 여러분 앞에 섰습니다. 모든 것이 은혜요, 사랑임을 깨달아 감사할 뿐입니다. 감옥 속의 시간을 기도로 이어 주신 분도 주님이시오, 또 제가 앞으로 가야 할 길을 알려 주신 분도 성령이십니다. 그동안 전 5종목의 기도를 세웠습니다. 이제 나의 5종목의 기도를 말씀드리겠습니다. 사람의 힘으로는 십자가를 질 수 없습니다. 그러나 내 앞에 놓인 십자가를 지기로 결단하면 그때 십자가가 그 사람을 지고 갈보리 산상까지 갈 수 있습니다······."

주기철은 그렇게 역사에 남을 만큼 유명한 5종목의 나의 기도에 대한 설교를 시작하였다.

첫 번째 기도는 '죽음의 권세를 이기게 하여 주옵소서'였다.

주기철은 감옥에서 죽음의 손길이 다가올 때마다 기도했다. 생명이 있는 만물은 모두 죽음 앞에선 약해지고 무기력해지게 마련이었다. 죽음이 두려워 옳다고 생각했던 일을 버리고 또 믿음을 버리기가 얼마나 쉬운가. 그는 병으로 요양원에서 죽는 것보다 주님의 종으로 감옥에 갇힌 것에 감사했다. 교통사고로 죽을 수도 있는데 주님의 종으로 사형장에 갈 수 있다는 것이 그에게는 영광으로 느껴져 감사했다. '오 주님 이 목숨을 아끼다가 주님을 욕되게 하는 일을 하지 않게 하옵소서. 이 몸이 부서져 가루가 되어도 주님의 사랑만을 지키게 하여 주옵소서.' 그는 마음속으로 끊임없이 그렇게 기도했다.

두 번째 기도는 '장기 고난을 견디게 하여 주옵소서'였다.

칼로 베고 불로 지지는 고문이라도 한두 번에 죽어진다면 이길 수 있으나 그것이 한 달, 두 달, 일 년······ 10년이 계속된다면 견디기 어렵다고 했다. 그것도 어쩔 수 없이 겪어야 할 고난이라면 겪게 되지만 옆에서 한 걸음만 양보하면 이 무서운 고통을 면하게 해주고 상을 준다는 대목에서 사람들은 대부분 절개를 꺾기 쉬웠다. 말 한 마디 타협만 하면 살려 준다는데······. 주기철은 그때마다 십자가를 지신 예수님을 생각하고 의지하면서 견뎠다고 했다. 예수께서 내 죄를 위하여 십자가 위에서 그 혹독한 고통을 참으셨는데 내가 당하는 고난쯤이야 뭐 그리 대단한가 하며 약해지려는 자신을 추스렸다고 했다.

세 번째는 노모와 처자와 교우를 주님께 부탁하는 기도였다.

주기철에게는 팔순을 바라보는 늙으신 어머니와 병든 아내와 아직 어린 자식들이 있었다. 아들로 태어나 자식의 의무도 중하고, 가장으로 하느님이 주신 자식들의 아비 된 책임도 무거웠다. 그는 어머님이 애지중지 길러 주신 몸이 남의 발길에 차이고 매를 맞아 살이 찢어지고 뼈가 상할 때 어머님께 너무 죄송스러웠다. 그는 예수님이 십자가에 달리셨을 때 십자가 밑에서 애통해하시던 어머니 마리아의 가슴은 어떠했을까, 당신의 어머님을 제자 요한에게 부탁한 예수님을 생각하며 그는 자비한 주님의 자취를 따르겠다고 다짐하며 기도했다. 늙으신 어머님을, 병든 아내를, 어린 자식들을, 불안해하는 양떼(교인들)를 선한 목자이신 주님께 맡깁니다. 이들이 사망의 음침한 골짜기를 지날 때에 주께서 지켜 주옵소서.

네 번째는 '의에 살고 의에 죽게 하옵소서'였다.

사람이 세상에 태어나서 마땅히 행해야 할 의가 있다. 여자에게는 정절의 의가 있고 그리스도인에게는 그리스도인의 의가 있다. 그런데 그리스도인의 신부가 다른 신에게 정절을 잃을 수는 없는 일이었다. 그는 어려서부터 예수 안에서 자랐고 예수께 헌신하기로 맹세했었다. 예수의 이름으로 목사가 되어 영광을 받다가 하느님의 계명이 깨지고

예수의 이름이 땅에 떨어지게 된 오늘날 어떻게 죽음을 피한다고 할 수 있겠는가. 그는 사랑하는 교우들에게 예수를 향한 의를 저버린다는 것은 짐승보다도 못한 삶이라고 강하게 주장하였다.

다섯 번째는 '내 영혼을 주님께 부탁합니다' 였다.

"주 예수여, 내 영혼을 주님 손에 부탁합니다. 십자가를 붙들고 쓰러질 때 내 영혼을 받아 주옵소서. 혹시 옥중이나 사형장에서 나의 목숨이 끊어질 때 제 영혼을 받아 주옵소서. 아버지의 집은 영원한 저의 집입니다. 더러운 땅을 밟던 내 영혼을 씻기어 하늘 나라의 황금 길을 걷게 하소서. 죄악 세상에서 살던 저를 깨끗하게 하사 영광의 나라에 영원히 살게 하소서. 저의 영혼을 주님께 부탁하나이다."

그날의 설교로 교회는 눈물 바다를 이루었다. 산정현 교회에 모인 사람들은 모두 하나였다. 일본인 앞잡이로 그 자리에 참석한 조선인 형사들도 모두 눈물을 머금었다.

예배당에 나와 아들의 설교를 들은 어머니는 그날 집에 돌아와 무릎을 꿇고 절을 하는 아들을 그대로 끌어안았다.

"아이고 하느님, 내 아들을 돌려보내 주셔서 감사합니다. 아이고 몹쓸 놈들, 눈에 넣어도 아프지 않을 내 귀한 아들을 어찌 때리고 피를 내었을꼬. 내 아들아! 우리 목사야!"

주기철은 곁에서 울고 있는 네 아들을 끌어안았다.

"미안하다. 영진아, 용서해라. 영만아, 영해, 광조야 얼마나 힘들었느냐? 하지만 이 아비가 부끄러운 일로 고생한 것이 아니니 너희들도 함께 견뎌야 한다. 이 고생이 반드시 끝날 날이 올 것이다."

아버지와 아들들은 그렇게 한 덩어리가 되어 실컷 울었다.

고문 과정에서 폐를 다친 듯 주기철은 기침을 심하게 했다. 또 안질도 심하게 도져 있었다.

게다가 형사들은 주일 예배와 수요 예배 때마다 감시를 했다.

주기철이 집으로 돌아온 지 몇 주가 지난 3월, 일본의 제74회 제국 의회에서는 '종교 단체법'을 통과시켜 신사와 종교를 구별하여 신사 참배를 반대하는 자에게 제재를 가할 수 있는 법적 근거를 마련하였다. 이제 신사 참배는 종교까지 초월한 '절대의 도'가 되었다.

그 해 5월이 되자 일본은 전시 체제를 갖추고 제2차 세계 대전에 대응할 채비를 하였다.

신사 참배에 끌려다니던 교회들은 점점 활력을 잃어 갔다. 그 모습을 지켜보던 몇몇 뜻있는 자들은 '교회 재건' 운동을 외치기 시작했다.

그 무렵 주기철은 매일 어머니께 큰절로 문안을 드렸다. 오늘이 어머니를 뵙는 마지막이라는 듯 간절히 사모하는 마음으로 절을 올렸다. 그리고 아들들을 만나면 한 녀석 한 녀석씩 품에 안았다. 특히 막내 광조에게는 살뜰히 대했다. 언제 자식들의 곁을 떠날지 모른다는 생각이 들어서였다.

8월이 되자 장로회 28회 총회를 앞두고 일본 관헌들은 '국민 정신 총동원 조선 예수교 장로회 연맹'을 조직하기로 사전 모의에 들어갔다.

8월 초순 어느 주일, 예배 시간이 임박하여 형사대가 산정현 교회 목사실로 처들어왔다.

"오늘부터 당장 주 목사의 설교를 중지시키라는 명령을 받고 통고하러 왔소."

"나에게 설교 권을 주신 분은 하느님이시오. 그러니 하느님께서 하지 말라고 하시기 전에는 그만둘 수가 없소. 일본 경찰이 막는다고 물러설 내가 아니오."

"명령에 불복종이다!"

예배 시간이 되자 주기철은 강단으로 갔고 형사들은 그의 앞을 가로막았다.

"설교를 하지 말라는 말을 못 들었나? 당장 돌아서지 못할까?"

"일본 헌법에 예배의 자유가 보장된 것을 모르시오? 당신들은 지금 예배를 방해하는 것이 아니라 헌법을 위반하고 있소."

순간 형사들은 얼어붙은 듯했다. 주기철에게는 감히 함부로 할 수 없는 위엄이 있었다. 표정은 고요하고 음성은 차분했지만 비장한 공기가 주기철을 감싸고 있었다.

아무 일도 없었던 것처럼 강단 위로 올라가는 주기철을 누구도 막지 못했다.

그로부터 나흘 후 8월의 여름 해가 막 넘어갈 무렵, 여섯 명의 형사들이 사택으로 들이닥쳤다.

형사들을 보는 순간, 주기철의 얼굴은 창백하다 못해 하얗게 질렸다.

"갑시다!"

조선 형사가 주기철의 팔을 잡아끌었다.

"이번에는 무슨 죄목이오?"

"가 보면 알게 아니오!"

"나는 당신들에게 끌려갈 일을 한 적이 없소."

"잔소리가 많다!"

마에다 형사 부장이 주기철의 팔을 잡아끌자 주기철의 모시 적삼 소매가 찢어졌다.

"당신에게도 부모가 계실 것이오. 내가 아무리 큰 죄인이더라도 어머님께 하직 인사 드릴 시간은 주어야 할 게 아니오."

팔십이 다 된 어머니는 사색이 되어 떨고 있었다. 마루로 올라서는 아들을 붙잡고 고개를 저었다.

"아이고 내 아들아! 이제 다시는 아무 데도 가지 말거라. 아이고 내 목사 아들아!"

"어머님, 울지 마시고 하느님께 기도하세요. 지금 주님도 어머님과 함께 눈물을 흘리고 계십니다."

"전지전능한 하느님이 왜 우시면서 이 왜놈들을 물리치지 않고 내 아들을 이 기막힌 길로 보내신다더냐?"

주기철은 무릎을 꿇고 앉아 눈을 감았다. 그리고 잠시 후 하직 인사를 드렸다.

그리고 떨고 서 있는 오정모의 손을 잡으며 말했다.

"당신도 몸조심하오. 어머님과 아이들이 당신 손에 달렸으니 부디 건강에 유의하고 나 대신 어려운 가정을 자주 심방하여 주기 바라오."

그리고 마지막으로 주기철이 잡혀간다는 소식을 듣고 달려온 유계준의 손을 잡았다.

"장로님! 교회를 부탁합니다. 이렇게 교회를 비우게 되는 것을 용서해 주세요. 그러나 제가 있는 자리에 산정현 교회가 함께 있으니 우리는 비록 몸은 나뉘어 있으나 성령님이 우리를 묶어 주실 줄을 믿습니다."

그때 뜰에 있던 형사가 소리쳤다.

"빨리 나와! 아니 뭘 믿고 우리를 마냥 기다리게 하는 거야?"

고무신을 신는 주기철을 형사들 서너 명이 달려들어 잡아끌었다.

"내 아들 목사야! 나를 내버려두고 어딜 가는 거냐?"

어머니가 맨발로 아들 뒤를 따라가려 하자, 형사 하나가 밀어 넘어뜨렸다.

주기철은 한 번도 뒤를 돌아보지 않았다. 한결 같은 걸음걸이로 형사들에게 에워싸여 앞으로 걸어갔다.

"민족의 십자가, 조선 교회의 십자가를 지고 가는 하느님의 종 주기철 목사를 보라!"

청년 회장이 목멘 소리로 외쳤다.

주기철을 연행한 시미즈가와 형사는 냉혹한 웃음을 띠며 말했다.

"신사 앞에 허리 좀 굽힌다고 세상이 뒤집어지기야 하겠소? 모두가 하는 국민 의례가 아니오. 지금 건성으로라도 대답하고 돌아가는 것이 어떻겠소?"

"하느님과의 약속에는 건성이란 없소. 내가 신사 앞에 허리를 굽힌다는 것은 하느님을 등진다는 뜻이오."

"그래서 또 그 복잡한 취조를 받겠다는 말이오?"

"당신들이 하려는 일이니 그대로 하시오."

"아직도 목사의 입이 살았군. 어서 매운 물을 대접해 드려."

거꾸로 매단 채 코와 입으로 쏟아붓는 고춧가루 물은 단번에 주기철의 숨통을 막았다. 목구멍이 찢어지고 콧속이 불타는 듯하다 정신을 잃었다.

다시 정신이 든 것은 찬물을 온몸에 뒤집어쓴 뒤였다. 그들은 주기철을 천장에서 끌어내려 엎어놓고 등을 발로 밟고 옆구리에 발길질을 해 댔다. 또 의자에 앉혀 놓고 전기 고문을 했다.

"전기 찜질을 하셨으니 이번에는 손톱 소제를 해드리지."

대나무 바늘로 손톱을 후비고 발톱을 후벼 댔다.

'오 주님, 저의 생명을 거두어 가시옵소서. 주여 불쌍히 여겨 주옵소서. 고통 중에 주님을 배반하는 말이나 행동을 할지 두렵습니다. 저를 그 두려움에서 건져 주옵소서……'

며칠 후 평양 경찰서에서 산정현 교회 앞으로 긴급 호출령이 떨어졌다. 장로, 집사 18명의 호출 명단이 날아온 것이다.

시미즈가와는 산정현 교회 교인들을 불러 모아놓고 협박을 했다.

"교회 제직이 모두 매주일 한 번씩 신사 참배를 이행하지 않으면 내일 당장이라도 교회를 폐쇄하겠다. 돌아가서 충분히 논의하고 오늘 오후 세 시까지 결정을 알려 주기 바란다."

모두들 떠밀리듯 경찰서 문을 나왔다. 이제 주기철 목사와의 싸움이 아니라 산정현 교회와의 싸움이 시작된 것이다.

"신사 참배냐 교회 폐쇄냐 둘 중에 한 가지를 택하라는 소리군."

누군가 그렇게 말했지만 아무도 대답하지 않았다.

그날 이후 경찰은 주일 날 설교하러 강단에 올라가는 사람은 무슨 트집을 잡아서든지 끌어내렸다. 그리고 드디어 예배당 정문에 묵직한 각목을 횡 십자가로 가로질러 못질을 하고 '형편에 의해 당분간 산정현 교회 집회를 정지한다' 라는 공고문을 붙였다.

경찰서는 마구 잡아들인 산정현 교인들로 만원이었다. 교인들 중에는 주기철의 부인 오정모도 끼여 있었다.

며칠 후, 일본 경찰의 사주를 받은 전권 위원들은 주기철의 가족이 기거하는 사택을 몰수하려고 나타났다.

"평양 노회의 결정이오. 이 사택을 평양 신학교 사택으로 쓰기로 가결했으니 당장 집을 비우시오."

그때 집에는 팔십 노모인 조재선과 막내 아들 광조만 있었다.

"못한다! 이 집은 하느님이 우리 주 목사에에 주신 집이다. 주 목사가 나오기 전까지는 난 한 발자국도 움직이지 않을 테다."

그러자 형사들이 가볍게 노인을 밀쳐 버리고 안방에다 자물쇠를 채워 버렸다.

오정모가 며칠 만에 경찰서에서 풀려났을 때 가족들은 어느 형사가 얻어 준 기생집 헛간에 기거하고 있었다.

얼마 후 주기철은 감옥에서 풀려났다.

그러나 가까운 사람들은 그것이 잠시라는 걸 모두 짐작하고 있었다.

17. 이제 주님 곁으로

　1940년은 일본이 정해 놓은 기원 2600년이 되는 해였다. 일본은 전 세계에 우뚝 서려는 야망을 버리지 않았다. 국민복을 만들어 남성들에게는 국방색 국민복을 입혔고 여성들에게는 '몸뻬'라는 바지를 입혔다.

　일본은 내선 일체를 내세워 창씨 개명을 서둘렀다. 조상으로부터 받은 성을 버리고 일본식 성으로 바꾸는 가정이 늘어났다.

　목숨을 걸고 신사 참배 운동을 펼치며 교회 재건을 서둘던 한상동과 이기선 목사는 조선 교회가 각성해야 한다고 외쳤다.

　경찰이 한상동과 이기선을 구속하면서 주기철을 다시 수감했다. 가석방이 되어 집에서 거한 지 한 달 여, 주기철의 빠진 손톱이 아물지도 않아서였다. 조선 교회 재건파라 이름 붙인 목사 21명과 주기철, 그리고 신사에 참배하지 않는 반대자들을 일제히 검거한 것이다.

　그 해 여름 일본은 내선 일체의 동화 정책을 펼치면서 《동아일보》와 《조선일보》를 폐간시켰다.

　주기철의 가석방은 고문을 전적으로 새로 시작하기 위한 절차였다.

일본이 주기철에게 원하는 것은 신사 참배였다. 경찰과 형사들이 번갈아 주기철을 고문하면서도 그들은 무엇 때문에 그런 짓을 하는지 그 의미조차 잊은 듯했다.

각목이 부러져 나갈 정도로 때리고 전기로 지지고 고춧가루 물을 코와 입에 들이붓고 천장에 매달아 수치와 능멸을 퍼붓는 고문을 반복했다.

그날의 고문이 끝나면 처넣는 곳이 빈대와 벼룩이 들끓는 감방이었다. 빈대는 사람의 피 냄새를 맡고 사방에서 비가 오듯 쏟아져 내렸다. 빈대는 경찰이 밤의 고문을 위하여 감방에 쏟아부은 혹독한 고문 기구 같았다.

그 해 겨울, 경찰은 면회를 허용하였다.

오정모는 음식을 장만하고 옷을 준비하며 그 음식과 옷에 주님의 숨결이 함께 해서 힘이 되기를 기도했다.

그날 썰렁한 면회실에서 두 사람은 만났다.

"내가 음식 먹는 모습을 저들에게 보이기 싫소. 음식을 맛있게 먹는다 해도 생명이 연장되어 저들에게 고문을 당할 뿐인데……."

주기철은 솜이 두둑히 넣은 저고리와 바지를 받다가 얼굴을 찡그렸다.

"옷에 솜을 두지 말라고 당부한 말을 잊은 거요?"

"하지만 이 엄동설한에 솜을 두지 않은 홑겹으로 어떻게……."

"내가 꼭 설명을 해야 알겠소? 고문이 끝난 뒤에 돌아올 무렵이면

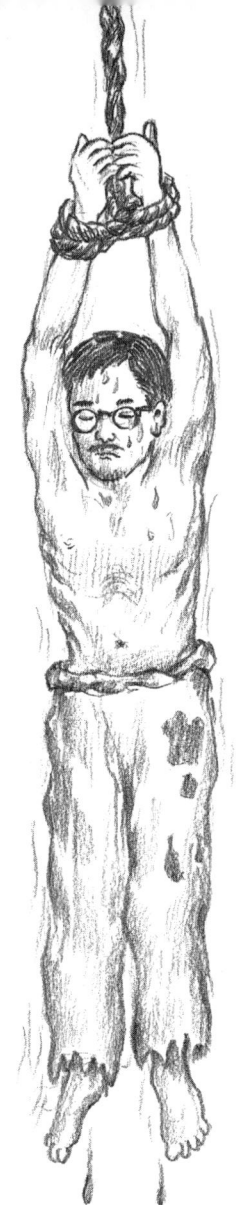

내 옷은 피에 흠뻑 젖소. 그 피가 두툼한 솜에 스며들면 마르지를 않는데다 피와 고름이 엉기면 마치 칼날처럼 변해 다시 살을 찢어서 그렇소. 미안하오. 이 이야기는 하지 않으려 했는데 당신이 여기 사정을 이해 못 하는 것 같아서 어쩔 수 없이 설명을 했소."

돌아오는 길에 오정모는 울고 또 울었다.

'주님, 이 일을 맡기시려고 저를 주기철의 아내가 되게 하셨습니까?

그렇게 겨울을 넘기고 봄이 올 무렵의 어느 날, 느닷없이 조선 형사가 들이닥쳤다.

"특별 면회를 시켜줄 테니 식구들 모두 갑시다."

어머니는 특별 면회라는 말에 솔깃했고 막내 광조도 아버지를 만날 생각에 좋아하며 따라나섰다.

그런데 그 날은 3층 형사실이 아니라 지하실 계단으로 몰고 가더니 좁다란 칸막이가 된 왼편 방에 세 식구를 밀어 넣었다.

"앉아 있어!"

세 식구는 시멘트 바닥에 앉았다. 앉으면

서 보니 맞은편 벽은 유리로 되어 있는데 그 방에는 검도용 죽도와 나무 칼, 몽둥이가 줄줄이 꽂혀 있었다.

그때 맞은편 방문이 열리며 주기철이 들어섰다. 주기철은 식구들을 단번에 알아본 듯 반가움에 웃어 보였지만 얼굴이 너무 창백해서 식구들의 마음을 아프게 했다.

형사들 서너 명이 달려들어 주기철의 손을 등뒤로 묶더니 묶은 팔목에 밧줄을 걸어 천장에 매달았다. 형사 하나가 그의 가슴에 힘껏 발길질을 하자 형사들이 몽둥이를 빼들어 '얏!' '얏!' 소리까지 지르며 후려쳤다. 이쪽에서 때리면 저쪽으로 밀려가고 저쪽에서 때리면 이쪽

으로 밀려오며 고문의 그네를 타게 했다.

옆에서 '쿵' 소리를 내며 어머니가 기절해서 넘어졌다.

주기철이 정신을 잃자 그들은 천장에서 끌어내려 고개가 뒤로 젖혀지게 책상에 뉘였다. 그리고 미리 준비해 둔 주전자 물에 고춧가루를 타더니 주기철의 코와 입에 붓기 시작했다. 주기철은 잠깐 고개를 흔들더니 고춧가루 물을 꼴깍꼴깍 받아 삼켰다.

어머니는 물론 오정모도 더는 볼 수 없어 눈을 감았다.

그때 문이 벌컥 열리며 형사가 들어와 악을 썼다.

"왜 지켜보지 않는 거야? 네 남편이 얼마나 장한 목사인가 보라고 데려다 놓았는데 왜 안 보는 거야?"

형사는 어머니와 오정모를 발로 차고 머리끄덩이를 잡아 내동댕이치며 소리를 질렀다. 그리고 머리채를 끌어서 맞은편 방을 보게 했다.

주기철의 배가 임신부처럼 부풀어 오르자 그들은 그의 배에 의자 둘을 엎어 놓고 누르기 시작했다. 그러자 입과 코에서 그리고 귀에서까지 물이 쏟아져 나왔다.

그때 건너편 방에서 형사가 물통을 들고 와서 주기철의 전신에 물을 끼얹었다. 그러자 그가 눈을 떴다.

형사들은 야비한 웃음을 지으며 주기철을 책상 위에 앉혔다. 주기철의 얼굴에 엷은 미소가 떠올랐다.

"야, 이 독사보다 더 독한 년아!"

형사가 소리치며 이쪽 방으로 건너오더니 검도용 칼로 오정모를 후

려쳤다.

"네 남편이 이렇게 고문당하는 것을 두 눈깔로 지켜보고도 데려갈 생각은 안 하고……. 네년이라도 신사 참배를 하겠다고 서약하고 저 지겨운 목사를 데려가야 옳잖은가, 이년아! 이제 보니 네년이 무서워서 저 목사가 항복을 못하는 모양이구나!"

검도용 칼은 오정모의 등을 뻬개고 허벅지를 터뜨렸다. 피가 흘렀지만 오정모는 정신이 더 맑아짐을 느꼈다.

"이 도적놈들아, 너희도 조선 핏줄을 타고난 놈들이란 말이냐? 어떻게 죄 없는 아녀자에게 몽둥이질을 할 수가 있냐? 차라리 나를 쳐라!"

어머니가 며느리 오정모를 가로막고 나섰다.

밤이 깊어서야 세 식구는 경찰서에서 풀려났다. 어머니는 실성한 듯 길에서 만나는 아무나 붙들고 우리 주 목사를 살려 달라며 우셨다.

그런데 더 심각한 일은 막내 광조의 실어증이었다. 광조는 아버지가 고문당하는 것과 어머니가 매맞는 것을 지켜보다가 그 충격으로 말을 잃고 말았다. 그때 광조의 나이는 겨우 아홉 살이었다.

그 무렵 아이들은 모두 학교에서 쫓겨났다. 신사 참배 반대자의 아들이라는 이유로 퇴학을 당한 것이다. 큰아들 영진은 경찰의 눈을 피해 부산 방면으로 떠났고 둘째인 영만이는 평양 근처 친척집을 떠돌아다녔다.

1941년 8월 25일, 평양 경찰서는 주기철 목사를 1년 이상 붙잡아두다가 평양 형무소로 송치했다. 주기철을 형무소로 끌어간 그들은 면회를 금지했다.

신사 참배를 거부하고 고문과 감옥소를 택한 크리스천은 전국적으로 2천 여 명, 그 중에 목사가 50여 명이었고 폐쇄된 교회가 200여 개가 넘었다.

진주만 기습을 저지른 일본은 더욱 극악해졌다. 형무소 수감자들에게는 매일 아침 궁성 요배(동쪽을 향하여 일본 천황에게 경배하고 일본이 승리하게 해달라고 기도하는 것)를 강요했다.

주기철이 신사 참배를 거절하고 궁성 요배로 허리를 굽히지 않자 두 손을 뒤로 묶어 수갑을 채우고 그 수갑에다 쇳덩어리를 달아맨 쇠사슬을 묶어 두었다.

검사 취조가 다시 시작되었고 검찰 지하실에서 고문이 시작되었다. 그 중 하루치의 고문은 주기철을 뼈마디가 없는 연체 동물처럼 만들었다.

어느 날 취조하던 검사가 물었다.

"도대체 당신의 하느님은 어떤 존재요? 무슨 힘이 당신을 이렇게 힘든 고문에서 견디게 하는 거요?"

"이 고문은 당신들의 매질이 아니오. 우리 민족의 잘못으로 하느님께 매를 맞고 있는 거요. 하느님은 사랑하지 않는 자에게는 매를 주지 않소. 조선을 사랑하시기에 조선 교회가 일본의 우상 앞에 무릎 꿇은 것을 슬퍼하시면서 조선이 눈을 뜨라고 매를 주시는 거요. 나는 일본에 항거하거나 반항하고 있는 것이 아니오. 나를 사랑하는 하느님을, 내 생명이신 그리스도 예수를 따라가고 있을 뿐이오."

검사가 갑자기 미친 듯이 주기철에게 손찌검을 했다.

주기철이 평양 감옥으로 옮기고 일 년이나 지난 가을에 처음으로 면회가 허락되었다.

면회는 5분, 그것도 엄한 감시 아래서 이루어졌다. 주기철은 수척하고 쇠약해진 모습이었으나 아내인 오정모를 보자 눈은 웃고 있었다.

"어머님은 건강하시오? 교회 식구들은 다 무고하고? 당신은 잘 견디는지 궁금했소."

"여기서 필요한 게 무엇인지요?"

아내의 사무적인 말투에 주기철은 쓸쓸한 얼굴로 고개를 흔들었다.

감옥소 밖으로 나와서야 오정모는 참았던 울음을 쏟아 놓았다.

1944년, 전쟁은 막바지에 달한 것 같았다. 정오 사이렌을 울려 전국민 누구나 어디에서 무엇을 하고 있건 천황이 있는 동쪽을 향하여 경례를 하라고 강요했다.

어느 날 뜻밖의 남녀 한 쌍이 주기철의 집에 찾아왔다. 몇 사람을 거쳐서 주기철이 썼다는 쪽지를 가져온 것이다.

'여드레 후면 하늘 나라에 갈 것 같소. 생명 보험 든 200원을 찾아 광조 공부를 시키시오. 영진이 장가도 들이고 어머님 장례비로도 써 주시오. 어머님께 봉양 잘해 드리고……. 어머님께 죄송합니다.'

주기철이 유서로 쓴 글을 받은 지 며칠 후였다.

"주 목사가 어젯밤에 내 앞에 와서 꿇어 엎드려 큰절을 하더라."

그 말을 하면서 어머니가 눈물을 흘렸다.

4월 19일 저녁 무렵 형무소에서 형무소장의 통지문을 들고 사람이 찾아왔다.

'신천기철, 위독하여 병감에 수감되었으니 긴급 면회 바람.'

날이 밝기 전에 오정모는 형무소로 달려갔다.

소장이 공손하게 일어나 맞이했다.

"수속을 밟으시오. 당장 모시고 나갈 수 있도록 조치를 취하겠습니다."

곧 주기철이 두 사람의 간수에게 업히듯 들어섰다.

"목사님, 승리하셔야 합니다. 이제 다 오셨습니다. 끝까지 승리하셔야 합니다."

초점 없는 눈으로 허공을 더듬던 주기철의 눈이 잠깐 빛났다.

"난 머지않아 주님 앞으로 가오. 어린 자식들과 어머님을 부탁하오. 나는 하느님 앞에 가서도 조선 교회를 위해 기도하겠소. 내가 죽으면 평양 돌박산에 묻어 주오. 어머니가 돌아가시면 내 곁에……."

그 말을 마치지도 못한 채 주기철은 쓰러졌고 간수들이 그를 간신히 붙들었다.

소장이 다시 오정모를 불렀다.

"병 보석으로 가석방을 시켜 드릴 테니 퇴소 준비를 하시지요."

"모시고 나가지 않겠습니다. 지금 병원으로 모시고 간다고 해서 회생할 분이 아니라는 걸 당신들이 더 잘 알지 않습니까?"

오정모는 나오면서 형무소 담장에 얼굴을 대고 하염없이 울었다.

다음 날 새옷을 챙겨 들고 오정모가 형무소에 들어서자 담당 계원의 얼굴이 변했다.

"우리 목사님 돌아가셨지요?"

"실은 어젯밤 9시에 운명하셨습니다."

"목사님의 유체를 모시고 나가겠습니다. 수속해 주시오"

"여기 규칙상 사망 24시간이 지나야 유체를 양도할 수 있습니다."

오정모가 내일은 주일이라 안 된다고 고집을 부리자 마지못해 이렇게 말했다.

"오늘 오후 여섯 시에 북문으로 오시오."

5일장, 장례일인 화요일은 날씨가 화창하게 맑았다.

장례 행렬이 지나는 길가에는 수많은 사람들이 모여들어 주기철의 떠남을 전송했다.

신궁 앞을 지날 때 마침 수백 명의 일본군 군대가 행진을 하다가 장례 행렬과 마주쳤다. 그 순간 행군 대열에 앞장섰던 장교가 갑자기 대오를 멈추게 하더니 영구를 향하여 거수 경례를 하고 장례 행렬이 다 지나기까지 부동 자세로 서 있었다.

실로 믿을 수 없는 일이 벌어진 것이다.

기자묘 앞을 지나 주기철 목사가 그렇게 그리워하던 돌박산에 이르렀을 때였다.

"하늘에 은빛 나는 해가 셋이나 떴어요. 저것 보세요."

누군가 소리쳤다.

모두들 하늘을 올려다보았다.

찬란한 하늘에 구름도 아닌, 불덩이도 아닌 하얀 솜뭉치 같은 둥근 빛이 삼각형을 이루며 떠 있었다. 마치 승리의 면류관처럼.